AF311560

ANNONCE AU PUBLIC

D'UN REMÈDE

INTITULÉ

LE RÉGÉNÉRATEUR UNIVERSEL.

Par M. TRANCHE LA HAUSSE.

A PARIS.

L'AN SECOND DE LA LIBERTÉ.

AVERTISSEMENT.

J'AI cru devoir faire hommage de ma découverte à l'assemblée nationale, avant de la rendre publique.

Ce mémoire est celui dont il est parlé dans le discours que j'ai tenu lorsque j'ai eu l'honneur d'être admis à la barre le 17 mai 1791.

Je n'ai pas voulu le faire imprimer avant d'avoir demandé à l'assemblée nationale des juges et des expériences publiques, afin d'éviter tout soupçon d'empirisme et de charlatanisme, et je ne le rends public aujourd'hui, que pour mettre tout le monde à portée de juger des principes de la composition du Régénérateur Universel, et des expériences particulières qui m'ont servi d'autorité pour en demander de publiques.

DISCOURS

PRONONCÉ A LA BARRE,

À LA SÉANCE DU SOIR,

LE MARDI 17 MAI 1791;

Par M. TRANCHE-LA-HAUSSE,

FAISANT HOMMAGE A L'ASSEMBLÉE NATIONALE DE SA DÉCOUVERTE D'UN REMÈDE CONNU SOUS LE NOM

DU RÉGÉNÉRATEUR UNIVERSEL.

MESSIEURS,

Animé par la noble émulation de me rendre utile à mes concitoyens, je viens vous faire hommage d'une découverte que je crois de la plus grande utilité pour l'humanité entière, et sur - tout pour la classe intéressante des hommes dévoués au service de la marine.

Le procédé que j'annonce, a la qualité précieuse de conserver les eaux embarquées sur mer, quelle que soit la longueur du voyage ; de rétablir celles qui sont gâtées ou remplies de vers : ce moyen aussi infaillible que peu dispendieux, en garantissant la salubrité de ces eaux, leur donne encore une vertu médicamenteuse, qui loin de nuire par son usage habituel, fait de cette boisson un préservatif contre toutes les maladies auxquelles sont exposés les gens de mer.

Les avantages de cette découverte ne se bornent pas à ce seul objet d'utilité publique ; ses bienfaits se font sentir encore dans les camps, dans les arsenaux , dans les prisons , dans les hôpitaux et dans les atteliers , où l'eau ainsi préparée peut être employée sous le double rapport de préservatif et de curatif.

En effet , à une dose combinée , elle devient un antidote assuré contre tous les fléaux épidémiques et contre les épizooties.

Les maladies qui portent le plus leurs funestes influences dans la société , celles mêmes qui s'annoncent sous les symptômes les plus alarmans , les plaies , les blessures ont toujours cédé à son efficacité , et ce n'est que d'après le succès constant d'épreuves souvent répétées , et de cures nombreuses faites dans tous les genres de maladies, que j'ose en garantir l'infaillibilité. Le résultat des expériences

que vous croirez sans doute devoir or-
donner, prouvera si je me suis trop flatté,
et vous convaincra qu'un de ses précieux
avantages est la facilité de l'employer dans
tous les cas, sans que son usage puisse
jamais exposer à aucuns des inconvéniens
de l'ignorance ou de l'erreur.

Je m'arrête, Messieurs ; vous trouvez
peut-être que j'ai trop vanté ma découverte. J'ai dû cependant exciter votre
intérêt en vous annonçant ses avantages.
L'hommage que j'ai désiré vous en faire
est la première annonce que j'ose répandre : un succès m'a procuré de nouvelles
occasions de multiplier les expériences.
C'est par cette marche lente, mais honorable et sûre, que j'ai acquis cette certi-
tude qui m'enhardit aujourd'hui.

Ordonnez des expériences publiques,

nommez des commissaires pour les constater. Je leur remettrai un mémoire détaillé sur la manière d'employer dans tous les cas où il est applicable. Le *Régénérateur Universel*, dont j'offre de fournir à mes frais la quantité nécessaire pour toutes ces expériences ; je les demande avec la confiance d'une ame droite et honnête, déja sûre du succès. Ma plus douce récompense , Messieurs , sera l'honneur d'avoir mérité vos suffrages , et la satisfaction d'avoir fait le bien de mes concitoyens et de l'humanité.

Monsieur l'abbé Grégoire , présidant la séance en l'absence de M. d'André, a répondu :

L'assemblée nationale accueillera toujours avec empressément , tout ce qui peut hâter le progrès des sciences , et conserver la vie de nos semblables : elle reçoit avec satisfaction l'hommage que vous lui faites de votre découverte ; elle vous offre les honneurs de sa séance.

L'assemblée nationale a décrété l'objet de la pétition sur la motion de M. de Cernon, et en a remis l'examen aux comités de marine et de salubrité.

ANNONCE AU PUBLIC

D'UN REMÈDE

INTITULÉ

LE RÉGÉNÉRATEUR UNIVERSEL.

Après plusieurs années de recherches, d'observations et d'expériences, j'annonce au public un remède que j'ai osé intituler *le Régénérateur universel*. J'ai bien réfléchi avant de lui donner ce titre. Je me suis attendu aux doutes et à la répugnance des gens sincères et honnêtes, mais arrêtés par le respect pour d'anciens préjugés, aux sarcasmes de ceux dont l'esprit caustique et le jugement léger les portent à tourner en ridicule tout ce qui passe la sphère de leurs connoissances : je me suis dit que je serois traité par les uns d'insensé, par les autres de charlatan ; mais j'ai espéré que je pourrois peut-être obtenir d'être entendu par ceux qui aiment à prononcer en connoissance de cause ; et c'est à eux que je prends la liberté d'adresser les réflexions suivantes.

Je ne viens point réclamer des suffrages sur paroles , ni demander la foi avant les œuvres , mais je détaillerai les différentes espèces de maladies que j'ai eu le bonheur de soulager et de guérir avec mon eau : je dirai , informez-vous si mes citations sont justes , et si mes cures sont réelles (*); et lorsque vous aurez vérifié que mon remède a véritablement été employé comme spécifique , contre une si grande quantité de genres de maladies , je demanderai si je lui ai donné un nom trop ambitieux en l'appelant *le Régénérateur universel*.

A l'appui des faits contre lesquels je ne vois pas trop ce qu'on pourra opposer , j'oserai hazarder quelques réflexions pour ceux qui aiment à remonter des effets aux causes , et se rendre compte des uns par les autres.

Je dirai d'abord , pourquoi calomnier la nature ? pourquoi après tant de bienfaits de cette mère si sage, si tendre , si prévoyante , si magnifique , oser élever un doute sacrilège sur l'étendue de son pouvoir et de sa tendresse , lorsque nous sommes si foibles pour embrasser l'immensité de ses ressources , et que chaque siècle , chaque année , chaque jour nous font découvrir de nouveaux prodiges de sa bonté , de nouveaux trésors inconnus dans la mine inépuisable de ses soins maternels ?

(*) Les noms , demeures et qualités d'un grand nombre des personnes qui ont fait usage *du Régénérateur*, et qui se sont données à connoître, se trouvent à la fin du présent mémoire : on a mieux aimé renvoyer aux informations près d'elles que de produire des certificats , pour laisser aux personnes qui en ont fait usage , la liberté entière de répondre selon leur conscience, aux questions qu'on leur feroit sur la bonté du remède.

Pénétré d'une reconnoissance vive et tendre pour cette bienfaitrice du genre humain , j'ai osé l'interroger , j'ai étudié ses procédés : j'ai vu que la nourriture entretenoit le principe de vie et d'existence dans l'espèce humaine , et je me suis dit : seroit-il donc possible que les hommes abusant de ces principes , et faisant naître de cet abus les germes des différens maux qui les accablent , la nature fût en défaut pour un principe simple qui remédieroit à cet abus ? J'ai dit , la nourriture extraite des trois règnes , est universelle pour la conservation ; une liqueur extraite de ces mêmes trois règnes , ne pourroit-elle s'appliquer aussi généralement pour la guérison ? J'ai vu que l'estomac par une opération de chimie naturelle , décomposoit les alimens , en formoit un seul tout liquoreux , que nous appelons *chile* : qui nourrit , entretient et reproduit les solides et les liquides , et j'ai conçu le dessein et l'espoir d'imiter ce procédé conservateur : de chercher avec l'aide du feu , premier agent de toute opération , une heureuse combinaison des trois règnes homogénés à notre espèce : d'en extraire une liqueur dont l'usage pût être appliqué sous le double rapport de *préservatif* et de *curatif*, et d'obtenir sous ce dernier le plus de cures possibles.

J'ose croire que mes soins et mes travaux ont approché de cet heureux terme , et j'en ai pour garant, le grand nombre de cures que j'ai déja faites; et celles que j'ai le bonheur d'opérer journellement.

Je crois donc pouvoir me flatter que mon remède est *universel*, c'est-à-dire, que de tous les remèdes connus jusqu'à ce jour , il a été le plus heureusement appliqué contre le plus d'espèces de différentes maladies.

J'ajoute qu'un tel remède universel n'est point une chimère, abandonnée aux têtes folles et ardentes : qu'il a été l'objet des recherches des plus fameux médecins, qui n'ont jamais conçu le doute injurieux de son impossibilité. Boerhaave, Sidenham, Hoffmann, Lazare Rivière, Christini, Baillivi, etc. s'en sont occupés. Je ne prétends point surpasser en connoissance ces illustres savans, qui ont si bien mérités du genre humain : mais peut-être ai-je été servi plus heureusement par le hazard et les circonstances.

La composition de la thériaque, regardée depuis tant de siècles comme un remède universel, et que la médecine employe avec succès dans le traitement d'un grand nombre de maladies, mériteroit peut-être ce titre, si une manipulation différente, l'addition de quelques substances douces et tempérées, pouvoient la rendre applicable à tous les cas et à tous les individus.

Les poudres d'Ailhaud qui ont réussi dans un grand nombre de maladies, auroient pu avoir l'universalité qu'il leur avoit attribuée, si une manipulation différente, l'addition de substances homogènes à nos corps, leur extension dans un fluide doux et balsamique, en avoit modéré l'effet violent et le trop d'activité.

Les principes de la santé et des maladies consistent dans les bonnes ou mauvaises digestions.

L'estomac est le laboratoire où la nature opère volontairement, et par un méchanisme admirable, notre *régénération journalière*. Les alimens que nous y jetons y sont tous décomposés par fermentation, à l'aide des *sucs gastriques* ; il en résulte une liqueur purifiée après dans le premier des intestins, à l'aide des sucs acides du *pancréas* et de la *bile*. Cette liqueur alimente par la circulation , toutes les parties de notre existence , en leur fournissant de quoi réparer leurs pertes.

Si l'opération de l'estomac a été bien faite , le chile bien cuit ; si rien n'a manqué au laboratoire ; si chaque partie de notre existence a été bien sustentée , notre corps conserve son équilibre et nous sommes en état de santé.

Le contraire arrive , si la décomposition des alimens n'a pas été bien faite , ou par insuffisance des sucs gastriques et de la fermentation , ou par surabondance et acrimonie de la bile , ou par la mauvaise qualité des alimens , ou par une révolution et secousse qui ont dérangé le travail de la digestion. L'opération périodique ne s'en fait pas moins , mais la conséquence en est viciée ; le chile altéré porte dans toutes les parties qu'il alimente et vivifie sa mauvaise qualité. De là l'altération plus ou moins considérable dans la circulation, dans les sécrétions , dans toute l'habitude de la machine ; de là la perte de cet équilibre , principe de la santé ; de là le germe de toutes les maladies internes.

Ces maladies ont leur cause , ou dans une chaleur excessive , qui , empreignant de feu le chile résultant des digestions , fait que dans sa répartition , il enflamme d'autant la circulation du sang et des humeurs , en accélère le mouvement , l'appauvrit de son humidité nécessaire par l'ébulition , lui ôte bientôt sa règle , sa méthode , l'obstrue en le privant de sa fluidité naturelle , et produit enfin toutes les maladies internes qui reconnoissent le feu pour cause , telles que les fièvres , inflammations du sang et des humeurs , obstructions , etc.

Si au contraire la mauvaise disposition de l'estomac, par surabondance de flegmes, de mélancolie,
de pituite, etc. a donné un chile trop froid, mal
cuit, etc. il porte également dans la circulation sa
mauvaise qualité ; il retarde par sa froideur le mouvement nécessaire aux fluides, les décompose insen-
siblement, en augmente la masse en empêchant les
fonctions et sécrétions du corps. Le volume des
humeurs ne pouvant plus se contenir dans les vaisseaux, s'extravase, forme les gouttes froides,
hydropisies, écrouelles, dissolution du sang, etc. et
toutes les maladies qui reconnoissent pour cause un
défaut de chaleur.

Si on jette dans le laboratoire plus d'alimens qu'il
ne doit en décomposer pour notre régénération,
selon la quantité et la qualité de ces alimens solides
et liquides, le chile est trop abondant : il remplit
trop les vaisseaux qui contiennent les fluides et sur-
tout les vaisseaux sanguins : de là la plétore, les
apoplexies, paralysies et toute espèce d'engorge-
mens, etc. etc.

Si le dérangement dans les fonctions de l'estomac
est occasionné par une cause extérieure, telles que
révolutions, coups, chutes, blessures, peur, colère,
air corrompu, etc. qui empêchent, retardent ou
vicient les digestions ; les fluides et les solides en
souffrent, tout le systême de la circulation du sang
et des humeurs est déconcerté, et les maladies nais-
sent en foule.

La composition du *Régénérateur* donne un résidu
acide, mêlé de parties graisseuses, terreuses et spi-
ritueuses. Il est la décomposition des trois règnes,
comme le chile ; il est de la même nature que les
sucs gastriques, et pancréatiques, et produit les

mêmes effets. Sa première opération est de faciliter, aider et nécessiter même les digestions, en augmentant la force des sucs gastriques ; s'ils sont affoiblis, en les reproduisant, s'ils sont éteints, en empêchant l'ébulition de la bile et des humeurs, en modérant l'extrême chaleur, et détruisant le trop grand froid de l'estomac, causes immédiates de la plupart des maladies internes. C'est par-là qu'il opère deux effets contraires en apparence, c'est-à-dire qu'il appaise le feu et ramène la chaleur par sa température essentielle (*). Il doit donc être regardé comme le vrai spécifique contre les maladies internes, provenantes de l'estomac.

Les autres maladies produites par le séjour dans les glandes et dans le tissu cellulaire des humeurs et du sang extravasés, sont aussi combattues avantageusement par ce remède, qui en délayant et détrempant les humeurs, les remet en circulation, en chasse la partie la plus subtile par les couloirs ordinaires, et prépare les plus grossières à sortir par les purgations.

C'est par une erreur dont on est bien revenu aujourd'hui, que l'on a cru autrefois que les acides étoient ennemis de la poitrine et des nerfs, puisque les plus grands médecins ont assuré et prouvé le contraire, et que la médecine le confirme tous les

---

(*) Il paroîtra peut-être contradictoire à quelques personnes, que le *Régénérateur* ramène la chaleur nécessaire et détruise la chaleur excessive, mais c'est un des heureux effets de sa température essentielle qui est douce et modérée. On sait que c'est une telle température qu'on emploie avec succès contre les extrêmes du froid et du chaud.

jours dans la pratique. *Arbuthenot*, médecin anglois, dans son traité des Alimens ; *Boerhaave*, en parlant de la phtisie pulmonaire ; *Lazare Rivière*, etc. affirment que *les acides sont les baumes des maladies du poumon*, et ce dernier donne même comme tels *les acides vitrioliques et sulphureux*.

Les gouttes anodines d'*Hoffmann*, si souvent employées avec succès par la médecine dans les convulsions, attaques de nerfs, vapeurs histériques, etc. sont un acide vitriolique que la préparation a rendu calmant, anodin et balsamique.

Quant aux maladies externes, les acides préparés sont encore ceux, qui sont les plus heureusement employés contre elles ; il n'est guères d'application où il n'entre des acides végétaux et vitrioliques, sur-tout dans les ulcères, plaies rebelles, blessures, etc. etc.

Pour la purification de l'air dans les fièvres et maladies épidémiques, pestilentielles et communicatives, les acides sont les moyens auxquels on a recours, et auxquels on a le plus de confiance : le vinaigre, les acides minéraux vitrioliques y sont du plus grand effet.

Dans le relâchement des fibres, l'abattement des forces, syncope, chaleur extrême des tems et des pays chauds, les citrons, les oranges, les groseilles, le vinaigre, tous les acides sont prodigués.

Enfin, les acides ont paru à tous les médecins éclairés et expérimentés, une source féconde de secours à opposer à la presque totalité des maladies, les plus graves et les plus communicatives.

M. Durade de Genève, dans son Traité physiologique et chimique sur la nutrition, ouvrage qui a

remporté

remporté le prix de physique de l'académie royale
des sciences et belles-lettres de Berlin en 1766 , dit
pour conclusion de cet ouvrage simple et lumineux ,
au *dernier article* : « il me semble aussi , que si les
» vérités établies précédemment peuvent conduire à
» quelques vues sur les moyens curatifs des mala-
» dies , c'est sans contredit vers l'usage *des acides pré-*
» *parés* : miscibles comme ils sont à nos humeurs , et
» anti-putrides assurés , s'ils ne réintégrent pas les
» esprits , ils donnent au moins le temps à la nature
» d'en créer de nouveaux ; et comme ils ont des sucs
» *prophylactiques* , ils forment en quelque façon une
» *véritable panacée* , un *remède universel* ».

Le *Régénérateur* qui contient assez de susbtances
acides légérement alkalines et neutres pour faire tout
seul l'effet de tous les acides minéraux et végétaux ,
est aussi le seul jusqu'à ce jour qui ait pu s'appliquer d'une manière aussi générale , à tous les individus , à toutes les maladies internes et externes.

Je ne prétends point au reste enlever ici aux spé-
cifiques connus et éprouvés contre des maladies particulières , le mérite que l'expérience leur a assuré ;
ils seront sans doute toujours utilement employés
contre les maux qu'ils sont connus avoir victorieuse-
ment combattus , mais je ne crains pas d'annoncer
que dans les doutes trop fréquens sur le genre des
maladies , dans l'absence des signes caractéristiques ,
le *Régénérateur* attaquant par essence le principe de
toutes les maladies , doit être employé de préférence , en prévenant les erreurs si funestes sur les
genres de maladies , ne pouvant jamais nuire et
offrant dans tous les cas possibles l'espérance de la
guérison.

Ces réflexions sommaires suffiront pour calmer

B

les premiers doutes de ceux qui cherchent la vérité de bonne-foi ; pour achever d'établir leur confiance sur des bases inébranlables , je joindrai plus bas le tableau fidèle de toutes les maladies que j'ai guéries par ce seul procédé , aidé de purgations prises dans les matières mêmes de la composition du *Régénérateur*. Ce tableau date de la fin du mois d'octobre 1789 , jusqu'aujourd'hui.

On peut s'informer près de toutes les personnes citées , si les guérisons annoncées ont été effectives.

Et pour ne laisser aucun moyen de doute sur un point aussi intéressant pour l'espèce humaine , je me suis présenté à l'assemblée nationale pour offrir de faire des expériences publiques devant des commissaires intègres sur différens malades , que je traiterai avec mon seul remède.

Je déclare que ce remède ne contenant aucun principe qui puisse nuire , quand même il n'opéreroit point la guérison , dans tous les cas , ainsi que j'ose m'en flatter , d'après le succès constant de mes expériences particulières , n'exposera à aucun risque ceux qui se soumettront à cette épreuve. Je déclare que je prendrai moi-même tous les jours , en présence de mes commissaires et avant les malades , la plus forte dose que j'indiquerai pour leur traitement , et cela pendant tout le temps que durera ce traitement.

Je déclare que depuis nombre d'années , je fais un usage journalier de mon remède , et que j'attribue à cette précaution salutaire le bonheur que j'ai eu d'échapper aux maladies auxquelles des fatigues considérables , des voyages de long-cours , le changement de climat , des revers et des chagrins , m'ont continuellement exposé ; c'est avec son secours que je jouis d'une santé à toute épreuve, au milieu de l'air contagieux que je respire auprès des malades que je traite.

Je déclare aussi que ma femme, enceinte, et un fils de 30 mois, font également un usage journalier de mon remède comme préservatif, et qu'ils en prendront tous les jours comme moi, en présence des commissaires, s'ils l'exigent, tout le temps que dureront mes expériences publiques.

Je proteste que je ne tiens le secret de la composition de mon remède de personne en particulier, que je l'ai puisé dans la nature, dans la lecture et la méditation des ouvrages des plus grands professeurs en médecine, anciens et modernes ; que j'ai fait mes expériences sur les animaux, ensuite sur moi, et que le succès a presque toujours couronné mes espérances et mes essais.

Si quelques remèdes se trouvent avoir au goût ou à la couleur quelque ressemblance avec le mien, j'affirme que cette ressemblance n'est qu'apparente, et je défie qu'on puisse l'établir, soit par la décomposition, soit par la concurrence des épreuves.

Je n'ai donné mon secret à personne, mais il est assuré dans ma famille, et il ne peut *jamais se perdre.*

Une des propriétés avantageuses *du Régénérateur* est de n'avoir besoin d'aucune autre préparation que d'être mêlé avec un fluide qui se trouve partout, et de n'exiger ni feu, ni apprêt pour être pris, de n'être point désagréable à la vue, à l'odorat ni au goût, de pouvoir même, avec l'aide de la formule détaillée que je joindrai à ce mémoire, offrir son secours dans tous les cas et dans tous les accidens possibles ; et comme il n'est sujet à aucune altération ni évaporation ; comme il est à l'épreuve des pays chauds et des pays froids , et qu'il peut être mêlé avec le vin et le lait dans les repas , sans exiger aucun régime austère ; il offre à tous les âges re à tous les tempéramens , dans tous les pays , un etmède salutaire et facile. Par ce seul remède , j'ai traité et guéri indistinctement et les personnes aisées qui pouvoient aider l'effet du remède par des soins assidus , et les pauvres dans l'impossibilité de se procurer les premiers bésoins de la vie , et je n'en ai pas moins opéré les guérisons possibles.

Puissent les soins que je me suis donnés pour perfectionner mon remède, obtenir la confiance de mes concitoyens, autant que mes succès dans le traitement des maladies augmenteront mon zèle et mon activité pour l'humanité entière !

J. F. TRANCHE LA HAUSSE.

TABLEAU
DES MALADIES
TRAITÉES ET GUÉRIES

PAR L'USAGE

DU RÉGÉNÉRATEUR UNIVERSEL,

Mai 1791.

OBSERVATION.

J'ai employé le moins possible les termes scientifiques de l'art dans cette énumération des maladies que j'ai traitées et guéries ; j'ai pensé qu'il falloit me mettre à la portée de tout le monde, et qu'il seroit plus commode pour les personnes affligées de quelques-unes des maladies citées dans ce tableau, de lire des énonciations simples, pour pouvoir plus facilement faire des comparaisons avec les symptômes des maux qu'elles éprouvent.

1. MALADIE de nerfs, convulsions, vapeurs hystériques au plus fort degré.

2. Délabrement d'estomac, rhume de poitrine, reste de virus maltraité, descente soulagée.

B 3

3. Gonorrhée, maux de reins, abondance de bile.

4. Entrailles brûlées, obstructions, fonctions du corps perdues.

5. Obstructions considérables au pilore et au foie, goutte-rose, insomnie, dégoût, inappétence, fonctions du corps perdues depuis trois ans et recouvrées.

6. Virus complet avec tumeurs aux aines, et négligé depuis plusieurs années, dépérissement total, marasme, fluxion de poitrine pendant le traitement.

7. Gonorrhée ancienne, fièvre, coup d'épée perçant la cuisse gauche de cinq pouces à 18 lignes de profondeur, guéri en trois jours, sans suppuration ni inflammation.

8. Gonorrhée, après, virus complet, chancre, ulcères, clou et galle vénérienne.

9. Perte considérable et invétérée, dépérissement total, marasme, vapeurs hystériques, après, grossesse convulsive, lait monté à la tête, estomac affoibli au dernier point.

10. Maladie compliquée, rebelle à toute la médecine et décidée incurable, obstructions au foie, au mésentère, restes de virus, de lait, ulcère au canal de l'urètre, relâchement d'urine considérable, consomption.

11. Maladie de consomption et scorbutique.

12. Ulcères aux bras et jambes, lait répandu.

13. Maladies de peau.

14. Réplétion de bile, affection scorbutique.

15. Maladies vénériennes, à Londres.

16. Vomissement, ictère, maladie vénérienne,

appauvrissement total du sang et des humeurs, con-somption, dans le même sujet.

17. Ulcère à la jambe droite, huit pouces le long du tibia, ôté par opération, le reste carié, deux ans et demi au lit, deux autres années dans la chambre sans sortir, toutes les humeurs viciées, catarre sur les poumons, ne pouvant marcher; et depuis l'usage du *Régénérateur* en boisson et en compresses, ulcère guéri, forces à la jambe ramenées, le sujet sortant et marchant commodément sans presque boiter.

18. Gros clou scrophuleux autour du col, abondance de bile âcre et mordicante, guéris cause et effet.

19. Inappétence, dérangement des fonctions du corps, bile agitée, contention d'esprit.

20. Hydropisie marquée aux jambes, affection scorbutique, fièvre putride, estomac et corps sans fonctions, insomnie, inappétence.

21. Douleurs rhumatiques et goutteuses à la cuisse; fièvre double-tierce, abondance de bile, dégoût, estomac sans fonctions.

22. Erysipèle considérablement enflammée à la tête et au visage, avec une fièvre ardente et surabondance de bile.

23. Lait répandu dans la cuisse droite, avec douleurs rhumatiques, maladie de nerfs, estomac sans fonctions, migraine périodique.

24. Ulcère scrophuleux à la jambe gauche, sur le tendon d'achille, de mauvaise qualité, rebelle à tout remède, avec surabondance de bile, dans un sujet de 15 ans.

25. Disposition à l'ictère, commencement d'obs-

tructions, migraine, colique, maux de reins, mélancolie profonde.

26. Réplétion d'humeurs, estomac sans fonctions, inappétence, inquiétudes, insomnie.

27. Femme âgée en étisie, paralysée des jambes et des cuisses, abandonnée sans espoir.

28. Extrême chaleur du sang et des humeurs, tendante à l'inflammation et à l'appauvrissement, maux de tête, vapeurs hypocondriaques.

29. Suppression des lochies après fausse-couche, inflammation de bas-ventre, avec fièvre putride, obstructions au mésentère, invétérées, ictère formé, estomac ne digérant plus, et suppression totale des fonctions du corps malade, abandonnée et condamnée, rechute aussi guérie.

30. Scorbut, estomac détruit.

31. Dépôt de la petite vérole jeté sur les yeux, tellement attaqués qu'ils ne pouvoient plus soutenir l'impression de l'air ni aucune application quelconque, rebelle à tout traitement, obstructions formées au mesentère avec cautère au bras, guéri en très-peu de temps; cautère fermé naturellement, santé forte rétablie, les yeux rendus sains et très-clairvoyans, sujet de 10 ans.

32. Inappétence, restes de virus, estomac déréglé.

33. Ulcère scrophuleux à la jambe droite, avec carie au tibia ankilosé, dans un sujet de 65 ans; depuis l'âge de 14 ans, la jambe paralysée, incurable : la jambe ranimée, le sujet se portant bien, et son corps rendu à toutes ses fonctions régulièrement.

34. Gonorrhée invétérée et compliquée, rebelle à tout remède, avec fièvre et migraine.

35. Douleurs rhumatiques et goutteuses., disposition à l'apoplexie.

36. Gonorrhée invétérée et compliquée, rebelle à tout remède.

37. Ictère, obstructions, dégoût, vapeurs hypocondriaques avec fièvre tierce.

38. Sang échauffé, âcreté, maladie de peau, boutons suppurans., poitrine souffrante, estomac affoibli.

39. Enfant de 16 mois agonisant, en chatre, dans l'étisie, abandonné pour mort ; il a rendu des matières si putrides et si fétides, que la mère se trouvoit mal en le changeant. Il a percé deux grosses dents pendant le traitement ; après 21 jours, hors de danger, et depuis, bien portant.

40. Obstructions,, surabondance de bile, et estomac dérangé.

41. Vomissemens de grossesse, vapeurs hystériques au dernier degré, profonde mélancolie, migraine.

42. Estomac en mauvais état, surabondance d'humeurs, maux de tête.

43. Coqueluche, entrailles échauffées, vers, fièvre tierce, sujet de 12 ans.

44. Hydrocéphale, goître, anarsaque., ictère, rebelle à tous les remèdes.

45. Hydropisie ascite.

46. Virus rebelle à tout remède, aphtes à la bouche, estomac délabré et ne faisant plus de fonctions.

47. Virus, fleurs blanches, fièvres.

48. Vers, aphtes à la bouche, âcreté considérable.

49. Lait répandu, affection scorbutique, fièvre quotidienne.

5o. Rhumatisme goutteux dans la cuisse et la jambe gauche , avec enflure et douleurs aiguës , âcreté , dartres , surabondance d'humeurs.

5I. Jambe ulcérée , traitée par-tout le monde inutilement , avec scarification au tendon d'achille , pied impotent sans pouvoir marcher ; usage du pied rendu , le tout guéri ainsi que la bile épanchée , affection scorbutique et lait répandu.

52. Inappétence , rhume , chaleur excessive du sang.

53. Obstructions au mésentère , mélancolie , vapeurs hypocondriaques , bile épanchée , migraine violente.

54. Surdité accidentelle , gonhorrée invétérée.

55. Clous scrophuleux , décomposition du sang.

56. Goutte scyatique dans les reins , reste de virus , coliques , migraine , constipation ; vapeurs hypocondriaques.

57. Bile répandue , rhume de poitrine opiniâtre , fièvre humorale , fleurs blanches.

58. Estomac fatigué et affoibli, bile acrimonieuse, fièvre vermineuse , coqueluche , sujet de onze ans.

59. Obstructions naissantes , bile extravasée dans le sang , commencement d'ictère , estomac sans fonctions, maux de reins , coliques, migraine , affections scorbutiques.

6o. Lait répandu et monté à la tête, plaie devenue croûteuse et suppurante ; amas de bile et de glaires , avec rhume de poitrine opiniâtre.

6I. Vers , fièvre bilieuse , contusion , abondance d'humeurs, sujet de six ans.

62. Impuissance, âcreté, dartres, restes de virus, estomac sans fonctions , entrailles extrêmement

·échauffées , constipation , migraine , vapeurs hypocondriaques.

63. Vomissemens continuels et convulsifs , avec
fièvre étique , maigreur extrême , marasme , vapeurs
hystériques.

64. Débordement de bile , maux de tête affreux,
fièvre bilieuse , dégénérée en fièvre putride ; fluxion
de poitrine , avec crachement de sang ; fièvre ardente,
inflammation générale avec suppression de fonctions,
transport et délire constant pendant dix-sept jours ,
sans un quart-d'heure de raison ; insomnie cons-
tante dans le même sujet , âgé de trente ans ,
guéri de tout en un mois , et sans convalescence ni
saignée.

65. Mélancolie , marasme , estomac sans fonctions, vapeurs hypocondriaques , inappétence , étourdissemens , vertiges.

66. Extrêmes fatigues et veilles , mauvais air res-
piré , bile épanchée , fièvre , foiblesse d'estomac ,
dégoût , extrême échauffement et appauvrissement
du sang.

67. Fièvre putride et inflammatoire avec extrême
douleur de tête et tressaillement , stupeur , délire,
sujet de dix ans.

68. Grande âcreté dans le sang et les humeurs ,
maladie de peau héréditaire ; éléphantiasis , sang
brûlé par les chagrins, la mélancolie ; abondance
de bile ; vers de dix pouces , rendus vivans et pleins
de sang. (1)

---

(1) *Sous le numéro 68*. Toute espèce de maladies,
coupures , blessures , ulcères , coups , virus , frois-
sures , humeurs froides , maux de poitrine , etc. etc.
dans un atelier de 1200 personnes.

69. Suppression de règles, douleurs de reins, coliques, étourdissemens.

70. Mélancolie, obstructions, ictère, marasme, appauvrissement du sang.

71. Epuisement de vieillesse, constipation, vue très-affoiblie.

72. Lèpre croûteuse sur tout le corps, furoncles sous les aisselles.

73. Ulcère invétéré et de mauvaise qualité, à la jambe; lait répandu, dissolution du sang.

74. Amas bilieux et glaireux; fièvre, dégoût, inappétence, insomnie, migraine périodique.

75. Ravage de verd-de-gris pris dans une matelotte, vomissemens convulsifs, maux et coliques d'estomac insupportables, amas de bile, fièvre ardente.

76. Scorbut.

77. Rétention d'urine, estomac sans fonctions, colique néfrétique.

78. Surabondance de bile, fièvre intermitente et putride, dépôt dans la tête, ulcère à la jambe, lait répandu, convulsions, vapeurs hystériques, tems critiques, sueurs colliquatives, crachement de sang.

79. Etourdissemens, vertiges, abondance de bile, maux de tête, indigestion marquée.

80. Migraine périodique, dégoût, inappétence, estomac et corps sans fonctions, sang et humeurs appauvries et calcinées par la chaleur, vapeurs hystériques, jaunisse.

81. Galle, virus, bile épanchée, âcreté, rhume opiniâtre avec fièvre.

82. Galle, virus, fièvre, suppression de règles, douleurs aiguës au côté, migraine, coup à l'œil, avec échimose et sang extravasé.

83. Galle, vers, amas d'humeurs.

84. Galle, gourme, fièvre bilieuse et vermineuse.

85. Commencement de phtisie, toux convulsive, extrême maigreur, tendante à la consomption ; virus complet, compliqué et invétéré ; tumeurs aux aines, chancres, aphtes à la langue, boutons suppurans par tout le corps.

86. Restes de virus, difficulté extrême d'uriner, estomac affoibli, corps sans fonctions.

87. Rétention d'urine, colique néfrétique, amas de bile et de glaires.

88. Virus invétéré et tombé dans les bourses, estomac sans fonctions, avec fièvre intermittente.

89. Virus complet, chancres, ulcère à la matrice, tumeurs aux grandes lèvres, lait répandu, vomissemens, migraine périodique, extrême épuisement avec fièvre étique.

90. Estomac affoibli, poitrine échauffée, dartres, âcreté générale, reste de virus.

91. Tumeurs laiteuses et scrophuleuses au sein, au col, au visage ; sang brûlé, humeurs calcinées.

92. Maux de tête, humeurs viciées, tendantes à la phthisie pulmonaire.

93. Extrême âcreté, maladie de peau, dartres, humeurs viciées, bile épanchée, inappétence, insomnie, inquiétudes, défaut de fonctions.

94. Maladie de peau, avec démangeaison extrême ; âcreté invétérée, insomnie, corps dérangé.

95. Surdité accidentelle et complète, humeur congelée et fixée dans la tête.

96. Gonorrhée tombée dans les bourses, rebelle à tout remède ; épuisement, estomac ruiné.

97. Vertiges, vapeurs hypocondriaques, âcreté,

bile épanchée, maladie de peau, migraine, érysipèle aux jambes.

98. Vapeurs hystériques, maladie de nerfs, lait répandu, âcreté.

99. Virus complet, tumeurs aux aines, extrême maigreur, appauvrissement du sang.

100. Petite vérole, vers.

101. Petite vérole confluente et maligne, délire, inflammation de bas-ventre, douleurs de côté opiniâtre, fonctions du corps perdues, fièvre vermineuse.

102. Catarre, convulsions, maladie de nerfs, vomissemens, fièvre continue, insomnie, estomac sans fonctions.

103. Commencement de phthisie pulmonaire, bile extravasée, sang appauvri, estomac sans fonctions, *sorda* ou fer-chaud, rhume convulsif, migraine.

104. Apoplexie, surabondance d'humeurs, insomnie.

105. Fièvre bilieuse et putride, insomnie, surabondance d'humeurs, estomac épuisé.

106. Mélancolie, vapeurs hypocondriaques, fluxion et extrême foiblesse des yeux, sang échauffé et appauvri, insomnie.

107. Dispositions à l'apoplexie, estomac sans fonctions, insomnie par surabondance d'humeurs, constipation extrême, chaleur du sang, migraine.

108. Ulcère scrophuleux au pied gauche, humeurs viciées, sujet de six ans.

109. Virus, glandes érysipélateuses au sein droit, âcreté, humeurs glaireuses et bilieuses, extrême démangeaison.

110. Ulcère ankilosé au genou droit, marasme,

commencement de phthisie pulmonaire , estomac détruit par l'onanisme.

111. Gonorrhée compliquée , surabondance d'humeurs , oppressions , maux d'estomac , jaunisse , bile enflammée , vapeurs hystériques.

112. Maux de gorge , esquinancie , glandes au col , fièvre double-tierce,

113. Enfant de trente mois , en étisie , avec fièvre continue et vermineuse , estomac ne souffrant plus de nourriture.

114. Dépôt rhumatique et goutteux dans l'aine , faisant boiter très-bas , et causant des douleurs aiguës, fièvre intermittente , bile épanchée , tems critique.

115. Colique néfrétique , rétention d'urine.

116. Gonorrhée rebelle , amas de bile , hémorroïdes.

117 Acreté héréditaire , démangeaisons considérables , dartres farineuses , coliques et maux de reins tous les mois , avec migraine.

118. Restes de virus , affection scorbutiques.

119. Fièvre étique , épuisement et échauffement considérable , lait répandu par-tout le corps.

120. Enfant de trois ans , rendant le pus par le nez , par les oreilles , les yeux ; plaies par tout le corps , la tête croûteuse et suppurante , humeurs froides.

121. Poitrine enflammée , commencement de phthisie pulmonaire , marasme et maladie de nerfs.

122. Lèpre sur les extrémités , humeurs viciées.

123. Suppression de règles depuis long-tems, virus invétéré.

124. Extrême échauffement, hémorroïdes , épuisement vue affoiblie et fatiguée par excès de travail.

125. Goutte podagre et chiragre , nodus détruits,

douleurs , insomnie habituelle , dégoût , dérangement de fonctions , humeur catarreuse , dépôt de lait , ensuite rhume avec toux opiniâtre , et fièvre humorale.

126. Dépôt dans l'aine , tumeur énorme, ankilosé à la cuisse, sujet marchant avec des crosses , renvoyé de l'Hôtel-Dieu de Paris , comme ne pouvant être ni soulagé ni guéri. La tumeur dissipée , les jambes et cuisses raffermies , les douleurs cessées , le sujet prodigieusement soulagé.

127, Poitrine échauffée, estomac affoibli et épuisé par abus de choses non naturelles.

128. Jambe perdue, ulcérée à là malléole externe depuis plusieurs années, humeurs viciées , considérablement avancé vers la guérison , le sujet travaillant toute la journée et marchant à son aise.

129. Ulcère skirreux à la matrice, invétéré , suppression de règles , écoulement sanieux et ichoreux, reste de virus maltraité.

130. Gonorrhée invétérée et renouvellée depuis dix ans , sans avoir pu empêcher l'écoulement , fièvre putride pendant le traitement, bile épanchée, humeurs calcinées , depuis , abondance d'humeurs , épaississement et âcreté de la lymphe.

131. Chûte du haut d'un bâtiment, dépôt formé dans le côté gauche avec fièvre tierce.

132. Cancer de huit pouces sur le côté droit , hémorragie continuelle, arrêtée, la plaie en train de guérison.

133. Humeurs froides , jetées sur une jambe, dans un sujet de 10 ans , allant avec des béquilles ; tumeur ankilosée au pied , et dépérissement total , traité inutilement par plusieurs professeurs célèbres.

134.

[33]

134. Maux de tête, glandes au col, amas d'humeurs, mal de gorge, avec chaleur de poitrine.

135. Estomac affoibli, amas de glaires et de bile, maux de reins, migraine périodique.

136. Vers, fièvre-quarte, clous dartreux au visage.

137. Virus complet avec deux tumeurs aux aines, ouvertes, humeurs viciées.

138. Gonorrhée avec ulcère, et bile extravasée.

139. Affection scorbutique, douleurs de reins, ophtalmie, colique.

140. Amas de bile, dispositions à l'ictère, estomac sans fonctions.

141. Virus, lait répandu, consomption, ulcère à la matrice, fièvre étique.

142. Gonorrhée rebelle, humeurs viciées, âcreté, insomnie, inquiétudes, douleurs nerveuses.

143. Gonorrhée compliquée, fièvre tierce, dépérissement total.

144. Eléphantiasis lépreux et croûteux au visage ; virus rentré et rebelle à tout remède, abandonné sans espoir.

145. Difficulté d'uriner, occasionnée par des restes de virus mal traité, bile épanchée, chaleur d'entrailles, insomnie, âcreté.

146. Goutte froide, goître, estomac sans fonctions, grand échauffement du sang et des humeurs.

147. Gonorrhée invétérée, mal traitée, surabondance de bile, de pituite, vomissement continuel, fièvre putride.

148. Humeurs froides, flux de sang invétéré, dépérissement total, fièvre étique, enfant de 4 ans.

149. Dartres suppurantes, coliques, maux de reins, fièvre double-tierce.

C

150. Maux d'estomac, affection scorbutique.

151. Virus si avancé et si invétéré, que les premières injections amenoient de la matrice quantité de vers plats vivans, porreaux, crêtes immenses, amenées à bon train de guérison. Elle a quitté le traitement à la sollicitation d'un professeur, croyant accélérer sa guérison.

152. Maux et convulsions d'estomac, fièvre chaude, vapeurs hystériques, hémorroïdes, coliques et maux de reins.

153. Goutte répandue partout le corps et héréditaire, nodus ouverts aux pieds, colique néfrétique guérie; la goutte prodigieusement soulagée, les fonctions du corps bien rétablies.

154. Humeurs froides, glandes et tumeurs au col et au visage, virus invétéré, chancres, ulcère à la matrice.

155. Virus, estomac absolument ruiné, hémorroïdes inquiétantes, insomnie, maux de reins considérables.

156. Acreté, maladie de peau et lépreuse sur les jambes, extrême chaleur d'entrailles, restes de virus.

157. Gonorrhée, compliquée et invétérée, ensuite fièvre putride, bile épanchée.

158. Disposition marquée à la phthisie pulmonaire, extrême échauffement du sang, contention d'esprit, vapeurs hypocondriaques.

159. Sujet de 11 ans, presque perclus de ses jambes et cuisses, avec douleur poignante, âcreté, boutons dartreux au visage.

160. Estomac dérangé, perte rouge, coliques, maux de reins, migraine, surabondance d'humeurs.

161. Enfant de 3 ans, coqueluche avec fièvre continue et ardente, affaissement total.

162. Surabondance de bile, inappétence, insomnie, dérangement des fonctions du corps.

163. Tumeurs et clous scrophuleux au col, ouverts et suppurans, avec insomnie et fièvre.

164. Fistule lacrymale, enfant de 3 ans.

165. Etourdissemens, vertiges à perdre connoissance, strangurie, estomac sans fonctions et sans chaleur.

166. Règles supprimées, maux d'estomac, abondance de bile.

167. Règles supprimées par révolution de peur, avec douleur de tête, fièvre aiguë et inflammatoire, estomac en mauvais état.

168. Surabondance d'humeurs, fièvre double-tierce, mélancolie, dépérissement, vapeurs hystériques.

169. Plusieurs maladies vénériennes dans des sujets des deux sexes, par un professeur en chirurgie.

170. Fièvre putride et bilieuse, mal de tête aigu avec inflammation, rechute avec épuisement total, et insomnie inquiétante.

171. Ecrouelles marquées au col et à la tête, tumeur ouverte à la joue gauche, sujet de 10 ans, maladie compliquée, héréditaire et rebelle à tout traitement, en bon train de guérison.

172. Fièvre vermineuse, dentition convulsive, réplétion d'humeurs avec abattement et stupeur, sujet de 4 ans, ensuite petite vérole confluente.

173. Fatigue excessive, courbature, épuisement, réplétion d'humeurs.

174. Surdité accidentelle, humeurs congelées dans la tête, timpanite, fleurs blanches, estomac épuisé, insomnie.

175. Dartres vives et suppurantes au col, à l'es-

tomac et aux jambes , suppression de règles , entrailles brûlées , épaississement du sang et de la lymphe.

176. Dartres vives et suppurantes au col, aux reins , suppression de règles , ébulition de sang , estomac ruiné.

177. Dartres vives par toute la cuisse , amas considérable de bile et d'humeurs , fièvre intermittente, diminution considérable de règles, maux de reins et coliques.

178. Etouffemens , fleurs blanches , phthisie pulmonaire , fièvre étique habituelle , soulagée de beaucoup.

179. Gonorrhée rebelle à tout remède, amas de bile dans les reins , mal d'aventure , furoncles et tumeurs sous les aisselles.

180. Surdité accidentelle , mais invétérée , soulagée , amas de bile , âcreté.

181. Culvulsion pour la dentition, sujet de 4 ans, fièvre , abondance d'humeurs.

182. Fièvre étique habituelle , dépérissement total , estomac sans fonctions , sujet de cinq ans.

183. Les deux pieds écrasés par une voiture , et trépignés par les chevaux, sujet de 68 ans, guéri en très-peu de temps , sans fièvre , sans inflammation et sans suppuration , quoiqu'il y ait sang extravasé, écorchure , ongles arrachés.

184. Etourdissemens , vertiges , vapeurs hystériques , fleurs blanches, abondance de bile , rhume opiniâtre.

185. Glandes considérables , tumeurs froides au col , à la gorge , à la tête, suite de temps critique, fièvre , mauvaise habitude du corps , surabondance de bile, ensuite fièvre considérable occasionnée par

une chûte , coup affreux sur l'œil gauche , sang extravasé, contre-coup dans la tête , sujet de 60 ans, guéri sans accident, sans inflammation, sans suppuration.

186. Entrailles brûlées , surabondance d'humeurs avec fièvre et migraine considérables et fréquentes, fonctions du corps supprimées , estomac détruit, vapeurs hystériques, sujet de 65 ans.

187. Vapeurs hystériques au plus fort degré , fleurs blanches, foiblesse et maux d'estomac, maux de tête insupportables, insomnie, profonde mélancolie.

188. Surabondance de bile, tumeur durcie dans les bourses, dissipée sans application extérieure, restes de virus.

189. Pied foulé, douleurs lancinantes, tiraillement de nerfs.

190. Coup à l'œil gauche , sang extravasé, échimose, guéri sans suppuration, sans inflammation.

191. Convulsions de matrice, vapeurs hystériques avec tiraillement de nerfs et crampes, syncopes, foiblesses , membres retirés et contournés , estomac gonflé jusqu'à étranglement, ophtalmie, vomissement, insomnie, fleurs blanches, avec fièvre ardente, maladie soufferte périodiquement tous les quinze ou vingt jours , sujet de 11 ans, guéri en trois mois.

192. Coqueluche , catarre , toux habituelle, fièvre tierce, vers, bile surabondante et enflammée, nouûre , rachitis , maux de tête violens.

193. Douleurs aiguës aux vertèbres du col, engorgement dans les reins, bile épanchée, fièvre, rhume convulsif.

194. Virus invétéré , tumeurs aux aines, écoulement sanieux, lait répandu, galle répercutée,

fièvre, dépérissement total, douleur générale dans tous les membres, qui obligeoient à garder le lit, sujet allaitant un enfant qui se porte bien.

195. Galle répercutée, humeurs froides causées par le virus, démangeaison extrême.

196. Galle répercutée, dentition, humeurs froides.

197. Gonorrhée, vapeurs hystériques, maux de tête, maux et foiblesse d'estomac, corps sans fonctions, règles presque supprimées.

198. Gonorrhée compliquée, principe d'étisie.

199. Nimphomanie, estomac détruit au point de ne pouvoir souffrir ou digérer ni solides ni liquides, vomissemens continuels, fleurs blanches, suppression de règles, épuisement, vapeurs hystériques, traitée inutilement pendant trois ans par plusieurs professeurs, glandes au sein droit à la suite d'un coup.

200. Estomac fatigué, affection scorbutique, coup ulcéré à la jambe, coupure, meurtrissures.

201. Dartres croûteuses vénériennes, écoulement invétéré, humeurs viciées, âcreté, salure, dépérissement.

202. Douleurs rhumatiques dans l'aine, réplétion d'humeurs catarreuses et pituiteuses.

203. Fièvre scarlatine et pourprée, vers, surabondance de bile, affaissement et délire.

204. Hydropisie sanguine, enflure de jambes, règles supprimées depuis long-temps, maux de tête insupportables, avec étourdissemens et vertiges, estomac affoibli au point de ne pouvoir rien supporter, sang vicié.

205. Maladie de nerfs, vapeurs hypocondria-

ques , estomac sans fonctions , toux séche , poitrine échauffée , fièvre étique.

206. Fièvre humorale et périodique , avec frisson invétéré , âcreté , dartres , phthisie , obstructions au foie et au mésentère , sueurs colliquatives , estomac sans digestion , corps sans fonctions ; vapeurs hystériques incurables.

207. Fonctions de l'estomac dérangées , abondance d'humeurs.

208. Restes de virus , estomac dérangé , affoibli et inappétence , insomnie , mélancolie profonde.

209. Estomac fatigué et sans fonctions , restes de virus , hypocondrie , poitrine foible et échauffée , insomnie.

210. Gonorrhée compliquée , paraphimosis , ensuite phimosis , chancres , surabondance de bile , restes d'anciennes maladies vénériennes , insomnies inquiétantes.

211. Gonorrhée ancienne renouvellée , affection scorbutique , sciatique dans les reins , hypocondrie.

212. Poitrine foible , échauffée et épuisée , crachement de sang , estomac sans fonctions.

213. Amas de bile et de glaires , étouffemens , étourdissemens , dispositions à l'hydropisie de poitrine , toux catarreuse.

214. Enfant de 6 ans , jambe et cuisse gauche brûlées , nerfs retirés , âcreté , surabondance d'humeurs.

215. Paralysie de la jambe et de tout le côté gauche , dans un sujet de 67 ans , singulièrement soulagé.

216. Gonorrhée invétérée , fausse-couche avec

suppression de lochies, inflammation, fièvre, anthrax, clous au ventre, lait répandu.

217. Coliques bilieuses et venteuses, périodiques, marasme, vapeurs hypocondriaques, estomac dérangé.

218. Virus mal traité et négligé, chancres cangrenés, masse entière d'humeurs viciées.

219. Echauffement du sang par fatigues et veilles, estomac dérangé dans ses fonctions.

220. Lèpre croûteuse et écailleuse aux extrémités, virus, âcreté et vice général des humeurs.

221. Fièvre inflammatoire, constipation extraordinaire et rebelle à tout remède, fonctions de l'estomac entièrement supprimées, vomissemens, spasmes, convulsions, sujet de quatre ans, extrêmement gras, écorché fortement aux cuisses, aux parties et à l'anus.

222. Complications de maladies remarquable, goutte froide dans toute l'habitude du corps, paralysie marquée aux extrémités, sciatique marquée dans les reins, commencement d'hydropisie, dissolution du sang, extrême âcreté, dartres de la plus grande force partout le corps, surabondance d'humeurs, sujet vigoureux et gras de quarante-cinq ans, prodigieusement soulagé en peu de temps, avec espoir de guérison.

223. Fièvre lente bilieuse et vermineuse, âcreté dans le sang, héréditaire, sujet de huit ans.

224. Obstructions au foie, vapeurs hystériques, commencement de phthisie pulmonaire.

225. Extrême foiblesse de la vue, fluxion des yeux, migraine, restes de virus, fleurs blanches.

226. Goutte remontée dans la poitrine, affection scorbutique, marasme, coliques de *miséréré*.

227. Chûte, contusion, estomac sans fonctions, ne digérant plus, reste de temps critique.

228. Diminution et presque suppression de règles, coliques et douleurs de reins considérables, migraine périodique, estomac sans fonctions, hémorroïdes.

229. Règles supprimées après couches ; lait répandu, bile épanchée, dépérissement et fièvre.

230. Rétention et suppression d'urine avec inflammation dans les vaisseaux urétères, amas de glaires, fluxion des yeux, maux de tête.

231. Obstruction dans les ovaires et dans la rate, sujet de soixante ans ; estomac ne pouvant rien supporter, fonctions du corps entièrement perdues ; déperdition totale de forces, insomnie, dissolution du sang.

232. Acreté héréditaire, dartres, lèpre au menton et au col, obstructions au mésentère, bile répandue, estomac détruit par le mal et les remèdes, consomption, fièvre étique, constipation, hémorroïdes, maladie compliquée, rebelle à tout remède et à tout traitement.

233. Dispositions à la paralysie, humeurs congelées dans la tête, bile jetée dans le sang, estomac sans fonctions.

234. Vapeurs hystériques, estomac affoibli et échauffé, étourdissemens, mal-aise habituel, surabondance d'humeurs, migraines.

235. Virus, gonorrhée invétérée, traitée par plusieurs professeurs et toutes sortes de remèdes sans soulagement, carnosités, ulcères au canal de l'urètre, engorgement dans les glandes prostates, paralysie du muscle sphincter, sujet de 55 ans, ne pouvant uriner sans bougies depuis nombre d'années, écou-

lement virulent et abondant ; bougies supprimées , élasticité et force rendues au muscle , carnosités dé-truites , le reste en train de guérison.

236. Rectum crevé en prenant un remède , abcès formé, inflammation , fièvre continue et ardente, douleurs insupportables, sujet de 50 ans, abandonnée pour morte , guérie par suppuration naturelle ; quantité de pus sorti au moyen des injections du *Régénérateur* par l'anus avec du lait et sans lait, pour tout remède.

237. Grande mole skirreuse et hydropisie de ma-trice ; volume énorme depuis 17 mois , virus , incu-rable , mais très-soulagé et même diminué par l'usage du *Régénérateur*.

238. Maladie vénérienne , complète et invétérée avec dartres à l'anus , chancres , galle , âcreté géné-rale, sujet de 17 ans.

239. Etourdissemens , vertiges , estomac usé, ne faisant plus de fonctions , insomnie.

240. Restes de virus, fleurs blanches , estomac affoibli , surabondance de bile , vapeurs hystériques, chagrins , mélancolie, commencement de grossesse , extravagante , vomissemens.

241. Gonorrhée , dispositions à l'ictère.

242. Vapeurs hystériques , règles presque sup-primées , avec coliques violentes ; maux de reins , difficulté d'uriner , chaleur excessive d'entrailles , taches farineuses à la peau.

243. Bile enflammée et extravasée , bubons con-sidérables et de mauvaise qualité à la cuisse , virus invétéré.

244. Acreté et salure dans toute l'habitude du corps , virus, dartres aux parties et à l'anus avec dé-mangeaisons insoutenables , abondance de bile.

245. Dartres, virus rebelle et invétéré.

246. Morsure considérable d'un chien, au-dessus de l'œil droit, peur et fièvre.

247. Rétention d'urine, et strangurie depuis nombre d'années, sujet de 40 ans ne pouvant se passer de bougies, sciatique dans les reins, restes de virus invétéré, réplétion d'humeurs, anthrax plegmoneux à la cuisse gauche, très-enflammée et causant des douleurs aiguës, guéri en très-peu de temps.

248. Estomac fatigué et noyé de bile, insomnie, dégoût continuel.

249. Vapeurs hystériques, spasme, obstructions *colera morbus*, insomnie, dispositions à l'ictère, chagrins, dépérissement total, règles presque supprimées.

250. Jeune fille de 12 ans; les deux jambes écrasées, sans rupture, par une voiture, fièvre, galle rentrée, gourme.

251. Abondance de bile, insomnie, dégoût, estomac usé, fonctions du corps perdues, insomnie, inappétence.

252. Règles supprimées avec douleurs considérables; lait monté à la tête, estomac sans fonctions, chagrins, vapeurs, corps sans fonctions, marasme, tendance à la phthisie pulmonaire.

253. Femme en couche, révolution considérable, suppression de lochies, lait remonté à la tête, fièvre inflammatoire, hémorroïdes, coliques, migraine.

254. Enfant de 12 ans épuisé par les remèdes et abandonné sans espoir, vomissemens, maux de tête excessifs, constipation opiniâtre, fièvre étique, sueurs colliquatives.

[44]

255. Goutte froide dans la poitrine, sujet de 55 ans, vapeurs hystériques, marasme, manie soulagée.

256. Vapeurs hypocondriaques, coliques, estomac sans fonctions et noyé de bile.

257. Vapeurs hystériques, lait répandu, obstructions à la rate, fluxion des yeux considérablement enflammés, migraine.

258. Acreté générale, salure, bile enflammée, amas glaireux dans les reins, dartres sur-tout le corps, dégoût, insomnie, estomac sans fonctions.

259. Etourdissemens, vertiges, obstructions formées au mésentère, dispositions à l'apoplexie, estomac absolument sans fonctions par la débauche, restes de virus mal traité.

260. Ulcère à la matrice, virus, écoulement ichoreux, maux et foiblesse d'estomac considérables, vapeurs hystériques, dépérissement.

261. Gonorrhée virulente, amas glaireux et bilieux, insomnie.

262. Enfant de 6 ans avec fièvre ardente, convulsions, spasme, ensuite petite vérole confluente, dépôt jeté sur les yeux.

263. Sujet de 60 ans, ophtalmie invétérée, amas de bile, estomac sans fonctions.

264. Rhume négligé, poitrine affectée, engorgement des poumons, insomnie, difficulté de respirer, sueurs colliquatives, dégoût, dépérissement considérable.

265. Hémorroïdes considérablement enflammées, goutte sciatique dans les reins, amas de bile et de glaires.

266. Règles presqu'entièrement supprimées, hémorroïdes, entrailles échauffées, coliques et maux

de reins tous les mois , maux d'estomac , fleurs blanches.

267. Gonorrhée invétérée , dépérissement.

268. Coqueluche , spasme , dentition convulsive.

269. Coqueluche , convulsions , fièvre étique.

270. Amas de bile et de glaires , estomac détruit par la débauche.

271. Surabondance de bile , commencement de sciatique , pied foulé.

272. Podagre, goutte remontée , jambe écorchée et foulée , sujet de 65 ans.

273. Commencement d'hernie ou descente , dentition ; grande chaleur du sang.

274. Commencement de fièvre putride , bouche enflammée, aphtes aux lèvres, affection scorbutique.

275. Chûte énorme , contusion totale , sang extravasé et menaçant suppuration , à la jambe gauche , guérie en peu de jours.

276. Extravasion de bile , gonorrhée , complication.

277. Grand échauffement , boutons , âcreté , chaleur de poitrine.

278. Goutte froide , restes de virus , extrême âcreté.

279. Grand épuisement, fistule à l'anus , affection scorbutique.

280. Grand échauffement du sang , commencement d'étisie , vapeurs hystériques.

281. Enfant abandonné , flux de sang , parties très-enflammées , fièvre ardente et convulsive.

282. Estomac fort dérangé , gonorrhée rebelle et invétérée.

283. Vapeurs hypocondriaques , bile échauffée, estomac sans fonctions , grande foiblesse.

284. Bile extravasée, vapeurs hystériques, maux de tête, migraine insupportable, suppression des fonctions du corps, fièvre ardente.

285. Estomac dérangé, gonorrhée invétérée.

286. Restes de virus, aphtes, estomac absolument sans fonctions, indigestion cruelle, fièvre ardente.

287. Gonorrhée rebelle, bile extravasée.

288. Vapeurs hypocondriaques au plus fort degré, manie, inappétence invincible, fonctions du corps supprimées.

289. Bile et humeurs surabondantes et enflammées, fonctions de l'estomac et du corps perdues.

290. Dérangement des règles, fleurs blanches, estomac fatigué, vapeurs hystériques, insomnie.

291. Goutte froide, vapeurs hystériques, épaississement de la lymphe et des humeurs, suffocation, sujet de 70 ans.

292. Blessure considérable à la cuisse, avec convulsions.

293. Estomac délabré, virus compliqué et invétéré avec tumeurs, bubons, galle, etc.

294. Virus mal traité et ancien, poitrine échauffée et très-affoiblie.

295. Commencement de pulmonie, vapeurs hystériques au plus fort degré.

296. Commencement d'asthme, grande réplétion d'humeurs, goutte rose, vertiges.

297. Virus mal traité et invétéré.

298. Virus mal traité avec tumeurs considérables aux aines, fièvre ardente, foiblesse extrême.

299. Goutte froide, membres impotens et perclus, fluxion de poitrine avec crachement de sang, fièvre bilieuse pendant le traitement, sujet de 50 ans.

300. Suppression subite des règles pour cause de saisissement, peur, fièvre ardente, constipation considérable.

301. Estomac délabré et usé, catarre, disposition à l'apoplexie.

302. Enfant de 8 mois, mal-sain, couverts de clous et presqu'en étisie.

303. Vapeurs hystériques au plus fort degré, fleurs blanches, grand échauffement de sang, âcreté, bile répandue.

304. Virus ancien et gonorrhée nouvelle, écoulement sanguin et virulent, affection scorbutique.

NOMS ET DEMEURES

DE PERSONNES

QUI ONT ÉTÉ SOULAGÉES ET GUÉRIES

PAR

LE RÉGÉNÉRATEUR UNIVERSEL.

AVERTISSEMENT.

Je dois prévenir que cette liste qui est par ordre alphabétique, n'a aucun rapport de placement avec la liste précédente qui contient la spécification des maladies que le *Régénérateur* a soulagées ou guéries.

J'ai cru devoir l'attention aux personnes qui ont bien voulu m'honorer de leur confiance, de leur laisser la liberté de dire le genre de maladies pour lequel elles s'étoient servies du *Régénérateur*, ou de le taire si elles le jugeoient à propos.

Je n'ai fait mention que de celles qui m'ont donné leur nom, et je n'ai mendié de certificats auprès d'aucune, voulant qu'elles puissent s'expliquer avec toute franchise sur la bonté du remède. Je dois dire que cette liste ne contient que la plus foible partie des noms de ceux que j'ai guéri avec mon seul remède. J'ai eu d'abord beaucoup de pauvres, qui sont le patrimoine des épreuves ; j'ai eu la consolation qu'aucune n'a été funeste ; cependant je n'ai refusé mes soins ni mon remède à aucun indigent.

Mon

Mon eau n'a été préconisée dans aucuns papiers publics , je n'ai jamais fait répandre d'annonces imprimées, et celle-ci est la première ; j'ai conquis des pratiques par mes cures , et un malade soulagé et guéri m'en a adressé d'autres.

Cette méthode est lente , mais elle est honorable et sûre.

MESSIEURS,

A.

Agnian (le père) , aux Carmes , rue de Vaugirard.

Amavet , à Londres ; John Street Golden Square , N°. 8.

Aillier , rue Taitbout , N. 15.

Amiot l'aîné , banquier , rue Saint - Thomas - du - Louvre , hôtel Royal-Princesse.

Amiot son frère , rue Froid-manteau , hôtel de Nevers , N. 37.

André (Dame) , boulangère , rue Montmartre , près celle Plâtrière.

Archambeau de la Perrière , procureur à Nevers.

Audoir , avocat du Roi , à Montelimart.

B.

Badet (Dlle.) , porte et carré Saint-Martin , N. 383.

Batissier , ancien conseiller au Châtelet de Paris , maison de M. de Mahay , rue des Deux-Portes-Saint-Sauveur , N. 18.

Beaumont (Dlle.) , maison de la loueuse de chaises de la Madeleine , faubourg Saint - Honoré , à côté de l'Eglise.

D.

MESSIEURS,

Beaumont (Dame), maison de M. Boulanger, notaire à Beauvais.

Beauvoir (de), au Château de Beauvoir, près de Sise-sur-Loire, dans le Nivernois (*).

Bellette (Dlle.), chez mademoiselle Guerrin, rue d'Argenteuil, N. 95.

Beloyer (Dlle. Emelande), chez M. Huchon père, à Sceaux.

Bergeron, premier commis des finances.

Bernard (Dame), chez M. le Grand, rue Saint-Honoré, en face de la Barrière des Sergens, maison du ceinturier, au premier.

Bertrand fils, rue des Vieux-Augustins, maison du distillateur, N. 51. C'est celui du N. 262.

Bimiler, hôtel de Tours, rue du Paon, faubourg Saint-Germain.

Bizouart (Thomas), rue Thiroux, Chaussée d'Antin, N. 3.

Bizouard (Madame), son épouse.

Bizouard (Dlle.), leur fille.

Blanchard, piqueur, aux écuries du Roi, rue Saint-Honoré.

Blanchard (M. l'abbé), maison de M. Boulard, rue des Rosiers, au Marais.

(*) M. de Beauvoir s'est servi du *Régénérateur* pour sauver de l'épizootie qui régnoit dans le Nivernois, tous ses bestiaux dans l'année 1789.

Il a de même employé le *Régénérateur* avec succès contre plusieurs genres de maladies, dont il m'avoit adressé la description, ainsi que celle de la maladie des bestiaux dans le pays qu'il habite.

MESSIEURS,

Bocciardi , sculpteur des menus plaisirs du Roi , rue Saint-Sébastien , au Pont-aux-Choux , N. 22.

Boisgirault , médecin françois à Londres , John Street Golden Square , N. 8. C'est celui du N. 15.

Bonneterie (Dlle. de la) , rue du faubourg Saint-Jacques , N. 130.

Bordet fils , chez M. Rostenne , rue Beauregard , maison de M. Pourat, apothicaire , en face de la rue Neuve Saint-Etienne.

Bourgeau , commissionnaire des diligences , rue Notre-Dame-des-Victoires.

Bourgeois fils , marchand de drap , rue des Bour-donnois , N. 22.

Bourguignon , marchand de vin , rue de l'Eperon , en face de celle du Battoir , faubourg Saint-Germain.

Branchu (Dlle.) , au bureau de loterie , rue du faubourg Saint-Martin.

Bricard , chez M. Lamotte , musicien de la chapelle du roi , rue Neuve des Petits-Champs , N. 63.

Broquin , à la manufacture des glaces , faubourg Saint-Antoine.

Bureau , hôtel de Verneuil , rue des Filles-Saint-Thomas.

Butheux , pensionnaire du Roi , rue Coquillière , au coin de celle Coq-Héron , maison du chapelier.

C.

Cambon , place Maubert , chez M. Garson , N. 8. C'est celui du N. 33.

Cambon (sa fille). C'est celle du N. 24.

Caution (Dame) , la mère , marchande fruitière ,

MESSIEURS,

Cloître Sainte-Opportune, au coin de la rue des Lavandières.

Cernon (baron de), député à l'Assemblée Nationale, rue Neuve Saint-Eustache, N. 22.

Cerveau, marchand épicier, confiseur, Enclos Saint-Martin, au Paradis-Terrestre.

Cerveau (Dame), son épouse.

Chalieu, rue basse Saint-Denis, N. 11. S'adresser à Madame de la Tour, même maison.

Chalieu (Dame), son épouse.

Champenois (Vincent), marchand fabriquant éventailliste, rue Meslée, N. 32. C'est celui du N. 64.

Champenois, son frère.

Champenois (Dame), sa belle-sœur.

Rozette (Dlle.), leur nièce, même maison.

Champion, rue des Vieux-Augustins, N. 57.

Champion (Dame), son épouse.

Chanet (Thérèse), cuisinière de M. Matran, maître menuisier, rue du Four-Saint-Honoré.

Châtillon (Dame), marchande fruitière, rue des Vieux-Augustins, N. 57.

Chauchard, secrétaire de Madame la Princesse de Berghes, rue de l'Echelle, N. 11.

Cherer, rue Croix des Petits-Champs, N. 74.

Cliquet (Dame), marchande fruitière, rue Soly, maison du Serrurier. C'est celle du N. 275.

Colombeau, inspecteur à la manufacture des glaces, faubourg Saint-Antoine (*).

(*) Un grand nombre d'ouvriers de tout âge et de tout sexe pour différentes sortes de maladies, plaies, blessures, etc. travaillant à la manufacture des glaces. S'adresser à M. Colombeau pour les détails.

MESSIEURS,

Colombeau (Dlle.), marchande lingère , porte et carré Saint-Martin , au Cheval-Blanc.

Colombeau (Dlle. Tonton), sa sœur.

Cormon (Dame) , marchande de vin à la barrière Sainte-Anne.

Cormon (Dlle.) , sa fille. C'est celle du N. 203.

Criston (de), caissier à la manufacture des glaces.

Criston (Mlle.), sa fille.

Cuenin (Dlle.) l'aînée, maîtresse couturière en robes , rue du Four Saint-Germain , près le préau de la foire , N. 9.

Cuenin (Dlle.), la cadette , même maison.

Sophie (Dlle.), leur niéce. C'est celle du N. 148.

D.

D'amour , hôtel d'Espagne , rue de Richelieu.

D'argent (Dame), rue des Orties , aux guichets du Louvre , N. 62.

D'argent , son fils.

Daudet de Jossan , cour de la guerre , à l'Arsenal.

Daudet de Jossan (Dame) , son épouse.

Daudet de Jossan l'aîné, leur fils.

Daudet de Jossan (Dlle.) , leur fille.

Daudet de Jossan , leur fils cadet.

Dazard , maître perruquier , rue Saint-Honoré , au coin de celle du Champ-Fleury.

Dazard (Dame), son épouse.

Deaugustini , maître de langues , rue des Vieux-Augustins , N. 9.

Demaillot l'aîné , rue Froid-Manteau , hôtel de Nevers , N. 37.

Demaillot le cadet , son frère ; même hôtel.

MESSIEURS,

Denise , chez M. Fauchonneret, maître Boulanger ,
  Cloître Sainte-Opportune.

Desarmoises , rue des Capucins , Chaussée d'Antin.

Deschamps (Dame), actrice du théâtre de Monsieur , rue de Richelieu, hôtel de la Paix.

D'hagny (Dame), rue de la Lune , N. 33.

D'harmeville , premier commis de la marine pour
  les Colonies , rue de Chartres , N. 347.

D'harmeville (Dame) , son épouse.

D'harmeville (Dlle.) , sa fille.

D'honnières , officier au regiment de Bretagne , à
  Strasbourg.

D'orvillier (Dame), rue Caumartin , N. 32.

D'orvillier , son fils.

Victoire (Dlle.) , femme de chambre de Madame
  D'orvillier.

Drouart (Dlle.) , maîtresse couturière en robes ,
  rue de Provence , hôtel des écuries d'Orléans.

Duchesne de Versoix , intendant de la maison de
  Madame , au Licée , rue des Bons-Enfans.

Duchesne (Dame) , maîtresse d'école , rue des
  Vieux-Augustins , N. 57.

Ducis , de l'académie françoise , rue de Tournon ,
  N. 6.

Dulac(Dame), rue S.-Honoré, en face des Jacob.N.69.

Dumenil (Dame), rue de Provence , près celle du
  faubourg Montmartre , N. 5.

Du Plessis , hôtel de Noailles , rue Saint-Honoré.

Du Plessis (Dlle.) , sa fille aînée.

Du Plessis (Dlle.) , la cadette.

Dupuy (Dame) , rue des Vieux-Augustins , N. 57.

Durand , ancien notaire , vieille rue du Temple ,

MESSIEURS,

hôtel le Pelletier , N. 76. C'est celui du N. 104. Il est actuellement dans l'Inde, il y a plusieurs de ses lettres qui constatent l'usage heureux qu'il a fait du *Régénérateur* dont il a emporté une provision pour lui dans l'Inde.

Duval (Dame), rue du Ponceau, N. 2.

Duval (Sophie), sa fille , même maison.

Dutheil (M. le chevalier), hôtel Royal, place du Palais-Royal.

E.

Edeli , porte Montmartre , maison de M. Nicolas , à côté du marchand papetier , sur les Boulevards.

Etienne , maître perruquier, rue Saint - Nicolas , chaussée d'Antin.

F.

Fissier , garde-nationale du centre , district du petit Saint-Antoine.

Flamand, ouvrier aux bâtimens du Palais-Royal, rue de la Mortellerie , N. 20.

Fleury , hôtel Lusignan , rue des Vieilles-Etuves-Saint-Honoré.

Fossey , rue du Ponceau , N. 33.

François , jardinier fleuriste du Roi , rue de la Roquette , faubourg Saint-Antoine.

G.

Gandolff, capitaine au régiment de Royal-Liégeois , hôtel de Bretagne , rue des Petits-Champs.

MESSIEURS,

Gandolfi , physicien , mécanicien , rue des Vieux-Augustins , N. 9.

Garnon (Dame), maîtresse de pension à Sceaux , près le Parc.

Goossens (Dame), fauxbourg St.-Martin N. 19.

Goujaud, élève en chirurgie, attaché à l'Hôtel-Dieu.

Grammont (comte de), rue de Grammont, N. 5.

Grandmaison (de), ancien maître des comptes, rue du Sentier , N. 35.

Guedon (Dame), repasseuse de linge , rue des Boucheries-Saint-Honoré , N. 8.

H.

Héloïse (Dlle.) , chez M. Colombeau , inspecteur à la manufacture des glaces , faubourg Saint-Antoine.

Hénin (Dame), épouse de M. Hénin, ancien maître d'hôtel du Roi, rue Saint-Jacques, après le marché Sainte-Geneviève , N. 112.

La cuisinière de Madame Hénin.

Hénin (chevalier d'), chargé des affaires de France à Venise.

Henry (Dame), maison de M. André , horloger au Temple , près l'hôtel des Bains. C'est celle du N. 299.

Une dame Angloise , chez Madame Henry.

Henry, valet de chambre de M. Amiot, hôtel Royal-Princesse , rue Saint-Thomas du Louvre.

Houdaye , marchand de bois à brûler , au Gros-Caillou.

Houssaye , marchand de vin , chaussée d'Antin.

Houssay , officier de M. de Maussion , rue Neuve des Mathurins , N. 44.

MESSIEURS,

Hubart (Dame), rue des Vieux-Augustins, N. 57. C'est celle du N. 185.

Huchon, maître boulanger à Charonne.

Huchon (Dlle.), sa fille.

Son petit neveu.

Huret (Dame), portière, rue des Vieux-Augustins, N. 57. C'est celle du N. 183.

Toinette (Dlle.), sa petite-fille.

Husson, secrétaire au comité de liquidation, chez Madame de la Tour, rue Basse-St.-Denis, N. 11.

J.

Jecquier, rue de Richelieu, hôtel de Louis XVI.

Jéoffroy, garçon teinturier, rue Saint-Landry en la Cité, près l'hôtel de Megrigny.

Josset (Dlle.), actrice du théâtre de Monsieur, rue de Provence, N. 6.

Jousselin, marchand tailleur d'habits, rue de la Limace, près celle des Bourdonnois, N. 3.

Jousselin sa fille, enfant de 3 ans.

Jousselin, sa fille aînée.

Jousselin, son fils.

Jousselin, son frère.

K.

Kornmann (Dame), rue de Paradis, au Marais, N. 3.

L.

Laban, marchand crémier, au coin de la rue de Richelieu et des Petits-Champs.

Lafarge, rue des Blanc-Manteaux, N. 53.

MESSIEURS,

Lamard, architecte, rue du faubourg Saint-Martin, au bureau de loterie.

Lamard (Dame), son épouse.

L'ami, marchand bijoutier, sous les galeries du Palais-Royal, N. 9.

Lamotte, musicien de la chapelle du roi, rue Neuve des Petits-Champs, N. 63.

Lamotte (Dame), son épouse.

Langres, rue des Fossés-S.-Germain l'Auxerrois, N. 21.

Laroserie (Dame), rue du Théâtre François, au bureau de tabac.

Laroserie, son fils. C'est celui du N. 120.

Laroserie, sa fille. C'est celle du N. 273.

Latour (Dame de), rue Basse Saint-Denis, N. 11.

Latouraudais (de la), Américain de Saint-Marc, hôtel d'Espagne, rue de Richelieu.

Lavaux (Dame), marchande chaircuitière, cloître Sainte-Opportune.

Lavaux (Dlle.), sa fille.

Le Bas, père, directeur de la poste à Frevent en Artois.

Le Bas, fils aîné, homme de loi, à Saint-Pol en Artois.

Le Bas, fils cadet, actuellement à la Martinique.

Le Bègue, rue Meslée, N. 25.

Le Bègue (Dame), son épouse.

Le Bègue (Dlle.), leur fille.

Le Bègue, leur fils.

Le Blond (Dlle.), aux écuries du Roi à Versailles.

Le Bon, compositeur de l'eau de Mélisse des Carmes, rue de Vaugirard.

Le Brun, mécanicien, rue des Prêtres-Saint-Paul, chez M. Allard, inspecteur des fermes, N. 31.

MESSIEURS.

Leclerc (Dame), rue du faubourg Saint-Antoine, à côté de M. Santerre, brasseur, chez le faiseur de billard. C'est celle du N. 51.

Leclerc, son mari.

L'écuyer (Dame), rue Basse-Saint-Denis, N. 9.

Lefèvre, au passage du Café de Foix, rue de Richelieu.

Le Français, quai de l'Ecole, N. 4.

Le Français (Dlle.), sa fille.

Léger (Dame), rue de Varennes, faubourg Saint-Germain, hôtel de Tessé, N. 44.

Léger son fils, secrétaire-greffier de l'Assemblée Nationale.

Legrand (Dame), rue St. Honoré, en face de la barrière des Sergens, maison du ceinturier, au premier.

Legrand, son mari.

Legrand, Américain de Saint-Marc, rue Royale, butte Saint-Roch, n. 24.

L'empereur (Dame), rue Saint-Jacques, après le marché Sainte-Geneviève, n. 112.

Lejeuneur, hôtel de Megrigny, rue Saint-Landry, en la Cité.

Leroi, garde nationale cavalerie, rue Beauregard, au coin de la rue Neuve Saint-Etienne.

Leucenne, marchand forain, rue du Bout-du-Monde, maison du chaudronnier, n. 20.

Leucenne (Dame), son épouse.

L'heureux, rue de Bourbon-Villeneuve, n. 42.

L'heureux (Dame), son épouse.

Liegeon, architecte, rue Neuve des Petits-Champs, n. 129.

Liegeon (Dame), son épouse.

Liegeon (Dlle.), leur fille.

MESSIEURS,

Liegeon, leur fils.

Une bonne vieille femme du village de Lusancy, près la Ferté-sous-Jouarre ; c'est celle du n. 27. C'est madame Liegeon elle-même qui l'a traitée sur les lieux avec le *régénérateur*.

Liodet (Dame), ravaudeuse, au marché des Enfans-Rouges.

Lionnois, rue des Vieux-Augustins, n. 57.

Lionnois (Dame), son épouse.

Logaret, ancien garde-françoise, maître-d'armes au théâtre des Italiens.

L'orthior, graveur des médailles du roi, rue d'Angivillier, hôtel des Américains.

Luce, rue du Doyenné Saint-Thomas du Louvre, n. 4.

M.

Madibost (Chevalier de), rue neuve Saint-Marc, hôtel d'Orléans, n. 9. M. Hugou de Basseville et toute la maison connoissent la cure, presque désespérée.

Mahay (Dame de), rue des Deux-Portes Saint-Sauveur, n. 18.

Une demoiselle, chez M. de Mahay.

Maheas, ancien contrôleur de la caisse des domaines du roi. Il est actuellement à Londres ; mais M. Taitaud, maître en chirurgie, rue des Arcis, n. 31, attestera la cure ; il l'a vue avec moi, et M. Maheas lui a rendu compte chez M. Ruggieri, où il demeuroit alors, de l'effet du Régénérateur sur lui, et de sa maladie. C'est celui du n. 5.

MESSIEURS,

Mallet (Dame) rue de Richelieu , au coin de celle du petit rempart , maison de l'épicier.

Mallet , maître tailleur d'habits , rue de la Fayette , près celle des Prouvaires , maison du dégraisseur.

Mariane (Dlle.) cuisinière de madame Liegeon , Rue neuve des Petits-Champs , n. 129.

Martin (Dame), marchande de vin, rue Saint-Jacques-la-Boucherie , près l'Apport-Paris , à la Tour d'argent.

Mary fils, marchand limonadier , au coin de la rue Chabannois , et rue neuve des Petits-Champs. C'est celui du n. 31.

Masson (Dame) , loueuse de carrosses , à la porte Saint-Honoré , maison d'un chapelier.

Masson (Dame), rue de Condé , n. 8.

Masson (Dlle. Louise) , sa fille.

Matran fils , maître menuisier , rue du Four Saint-Honoré.

Merlier, curé de Lusancy, près la Ferté-sous-Jouarre.

Meunier, rue des Arcis, n. 31. C'est celui du n. 126.

Michel (Dame) , chez madame la baronne de Molo, rue Bergère, n. 20.

Michel, son mari.

Miller (Dlle.), chez M. Guerin, petit hôtel Charost, rue des Vieux-Augustins.

Montaset, chez M. Vadelorge , marchand boucher, au cloître Sainte-Opportune.

Montpinçon (Comte de) , officier au régiment de Boulonois , à Schelestat.

Monval (Dame), rue des cinq Diamans, la cinquième porte cochère, à droite.

Morillon (Dlle. de), chez la marquise de Johanne, rue du faubourg Saint-Jacques, n. 148.

MESSIEURS,

Morin, rue des Vieux-Augustins, n. 11.
Morin (Dame), son épouse.
Une petite fille, chez M. Morin. C'est celle du n. 250.

N.

Nérac (Comtesse de), rue basse Saint-Denis, n. 11.
Noroy, directeur de la manufacture des glaces.
Nuldin (Dlle.), rue Mercière, n. 40, près la nouvelle Halle.

O.

La servante de madame Oblette, rue Saint-Séverin, en face de la porte de l'église, maison du papetier.

P.

Parille, employé à la poste aux lettres, rue de Clery, maison du serrurier, en face du corps-de-garde.
Painteur (Dame), rue Saint-Pierre du Pont-aux-Choux, n. 19.
Pathas (Me.) rue de Fourcy, à l'Estrapade, n. 6.
Pays, homme de loi, rue du Doyenné Saint-Thomas du Louvre, n. 4.
Pelletier (Dame), marchande ébéniste, rue des Vieux Augustins, n. 57. C'est celle du n. 190.
Pelletier son fils, même maison.
Poirier, chez M. Lamotte, musicien de la chapelle du roi, rue Neuve des Petits-Champs, n. 63. C'est celui du n. 22.

MESSIEURS,

Pougin de Villeneuve, à Orléans , rue Euverte.

Premont (Dame), portière, rue des Deux-Pores
Saint-Sauveur, n. 17 et 18. C'est celle du n. 236.

Premont son mari.

Puri , rue des Lavandières , cloître Sainte-Opportune , n. 6.

Puri (Dame), son épouse.

Puri (Dlle.), leur fille.

Puri leur fils.

Q.

Quesnay de Saint-Germain , député extraordinaire
de la ville de Saumur , logé à Paris , Cul-de-sac
de la Fosse aux Chiens, rue des Bourdonnois,
hôtel de Valois.

Quiriol, frotteur de madame Liegeon, rue Neuve
des Petits-Champs , n. 129.

R.

Regnard , délivreur aux écuries du roi, rue Saint-
Honoré.

Regnard (Dame), son épouse. C'est celle du N. 75.

Regnard (Dlle. Emée), leur nièce, chez M. Bizouard, rue Thiroux, Chaussée d'Antin , N. 3.

Regnard le jeune, employé à la manufacture des
glaces , faubourg Saint-Antoine.

Regnier (Dame), coëffeuse , rue Beauregard.

Regnier son fils.

Renoir (Dame), doreuse sur métaux , rue des
Vieux-Augustins , N. 57.

Renoir (Dlle.) , sa fille aînée. C'est celle du N. 191.

Renoir (Dlle.) cadette, sa fille.

MESSIEURS,

Madame sa tante.

Richard fils, piqueur du roi, aux écuries du roi, rue Saint-Honoré. C'est celui du N. 39.

La servante de M. Richard.

Richard (Dame), portière, rue Neuve-des-Petits-Champs, N. 129.

Rodrigue (Dame), rue de la Verrerie, N. 12.

Rondono fils, rue des Gravilliers, au bureau de loterie. C'est celui du N. 100.

Rondono (Dlle.), sa sœur. C'est celle du N. 101.

Roquet (Dame), dite Touranjou, épouse du maréchal-ferrant, aux écuries du Roi, rue Saint-Honoré. C'est celle du N. 29. M. Taitaud, maître en chirurgie, rue des Arcis, N. 31, l'a vue pendant sa maladie avec moi.

Rose (Mlle.), chez M. l'Orthior, graveur des médailles du roi, rue d'Angivillier, hôtel des Américains.

Rostenne, commis au Trésor Royal, rue Beauregard, maison de M. Pourat, apothicaire.

Rostenne (Dame), son épouse.

Rostenne, négociant, près la Bourse, à Nantes.

Roubin, officier au régiment de Bretagne, à Strasbourg.

Royer, marchand de dentelles, rue des Bourdonnois, N. 21.

Rot, rue Saint-Martin, près la fontaine de l'ancienne prison, à la manufacture des cartons, N. 31.

Rot (Dame), son épouse.

Savy,

MESSIEURS,

Savy, rue de Richelieu, au passage du café de Foix, maison du notaire.

Saint-Jean, domestique de M. d'Harmeville, rue de Chartres, N. 347.

Sa femme, cuisinière de M. d'Harmeville, à Versailles, rue des Tournelles.

Segretain, garde-national du centre, compagnie de Blanchard. District du petit Saint-Antoine.

Seillant (de), capitaine aux invalides.

Sergent, rue de Bourbon-Ville-Neuve, au coin de celle des Filles-Dieu, N. 18. C'est celui du N. 17.

Sophie (Dlle), chez mademoiselle Colombeau, marchande lingère, porte et carré Saint-Martin, au Cheval Blanc.

Soye (Dame de), rue du Paon, faubourg Saint-Germain, vis-à-vis l'hôtel de Tours. C'est celle du N. 10.

T.

Tetrechenne (Dame), maîtresse tailleuse, rue des Lavandières, cloître Sainte-Opportune, N. 6.

Tournezi, rue des deux Portes Saint-Sauveur, N. 22.

Tournezi (Dlle), chez M. son père, même maison.

Truffer, professeur au collége d'Harcourt, rue de la Harpe. C'est celui du N. 212.

V.

Vadelorge, marchand boucher, cloître Saint-Opportune.

Vadelorge (Dame), son épouse.

Vadelorge (Dlle), sa sœur.

Varin, marchand fruitier, rue Chabanois. C'est celui du N. 18.

E

MESSIEURS,

Varré, marchand épicier, cloître Sainte-Opportune, à la Bonne Foi.

Varré (Dame), son épouse.

Varré (Dlle), leur fille.

Varré leur fils. C'est celui du N. 133.

Vassal, marchand boulanger, rue du Bacq près celle de Grenelle. C'est celui du N. 45.

Vecques (Toussaint), garçon boucher, rue Saint-Nicolas, chez M. Huré, marchand boucher.

Viez (Dame), rue Neuve des Petits-Champs, N. 24.

Viez (Dlle) l'aînée, sa fille.

Viez (Dlle) la jeune, sa fille.

Vignier, chirurgien, pour sa pratique, rue de la Croix, près celle des Fontaines, maison de M. Borghis banquier.

Vignier, marchand fayancier, rue Neuve des Petits-Champs, N. 133.

Vignier (Dame), son épouse.

Vignier (Dlle), leur fille.

M. Riquet, ami de M. Vignier.

Villarsy (de), au Palais Royal, N. 65.

Villarsy (Dame de) la mère.

Villette, caissier à la manufacture des glaces, faubourg Saint-Antoine.

Vilmonde (Dame de), rue du faubourg du Temple, à côté de la croix, maison de M. Raymond.

Virchaux, rue neuve Saint-Marc, N. 9, hôtel d'Orléans.

Y.

Yvernois (Dlle d'), rue des Boucheries, faubourg Saint-Germain, N. 53.

MANIÈRE

D'USER DU REMEDE

INTITULÉ:

LE RÉGÉNÉRATEUR UNIVERSEL,

SELON LES DIFFÉRENS GENRES DE MALADIES.

LE RÉGÉNÉRATEUR UNIVERSEL, peut être employé comme curatif et comme préservatif. Je donnerai d'abord la méthode pour s'en servir comme curatif, selon les différens genres de maladies ; j'indiquerai ensuite la manière de l'employer comme préservatif.

La méthode générale de prendre ce remede, c'est d'en mêler depuis une demi-cuillerée à bouche, jusqu'à la cuillerée entière, dans une pinte d'eau, selon l'âge et la force des malades.

Il faut en boire au moins la pinte ainsi préparée par jour, sur-tout deux verres à jeun ; le reste peut être bû dans les repas en le mêlant avec du vin, quelques heures après les repas, en y mettant seulement alors un peu de sucre. On peut en boire deux et trois pintes par jour.

L'effet de cette boisson étant de délayer et de tremper les humeurs, il faut, dans tous les cas de maladies existantes, se purger dix à douze jours après qu'on a commencé l'usage du *Régénérateur*, au moins trois fois, en laissant quatre jours d'intervalle entre les purgations, avec une poudre préparée, que je distribue également avec mes bouteilles, et qui est prise dans les matières mêmes de la composition du *Régénérateur*, ou avec toute autre médecine.

On répète plus souvent les purgations, lorsqu'il y a abondance d'humeurs.

Les femmes ne se purgeront point pendant leurs règles, mais elles peuvent se purger, même étant grosses ou en couche, avec mes poudres; et boire *le Régénérateur* en tout temps.

Manière de prendre les médecines.

On délayera, la veille du jour où l'on devra se purger, cette poudre dans un demi-verre d'eau ordinaire; on la laissera infuser à froid pendant la nuit, on la remuera bien le matin, on remplira, si l'on veut, le verre aux trois quarts, et on l'avalera froide et à jeun.

Au lieu de thé ou de bouillon qu'on administre dans les purgations ordinaires, on prendra de la boisson du *Régénérateur* sans sucre, et on en boira un verre une heure après qu'on aura pris la médecine, et un verre chaque fois qu'elle opérera, froide ou dégourdie: on dînera légèrement.

Le soir on prendra un lavement composé de moitié eau de la boisson du Régénérateur, et moitié lait tiède ou froid, ou avec de l'eau de la boisson seule. Dans les maladies graves on double et triple la force de l'eau préparée avec le Régénérateur pour les lavemens, qu'il faut alors répéter souvent.

Mais dans les cas extraordinaires, tels que ceux que je vais indiquer, *le Régénérateur universel* doit être employé dans les proportions suivantes.

Hémorragies.

Dans les fortes hémorragies internes, une cuillerée à café dans un demi-verre d'eau, en boire autant toutes les demi-heures jusqu'à ce que l'accident soit diminué; après, la boisson ordinaire.

Apoplexies.

Dans les attaques d'apoplexie, une cuillerée à café dans deux cuillerées à bouche, d'eau commune, donnée à boire de demi-heure en demi-heure, jusqu'à ce que le malade ait recouvré connoissance et l'usage de ses membres; après, la boisson ordinaire au plus fort degré.

Esquinancies, inflammation, mal de gorge.

Une cuillerée à café dans un verre d'eau, donnée à boire d'heure en heure, gargariser souvent avec la même eau préparée, mettre des compresses autour du col trempées dans la même mixtion, prendre des lavemens de la même eau, ainsi préparée avec partie égale de lait, tiède ou froid; et après les trois premiers jours, la boisson ordinaire.

Colères, révolutions, coups, chûte, contusions, peurs, suppressions, etc.

Dans les chûtes, contusions, coups, suppressions subites chez les femmes, colère, peur, etc, une cuillerée à café dans un verre d'eau, répété deux ou trois fois dans une heure; après, la boisson ordinaire. Par-là, on évite la saignée.

[69]

Indigestions, maux d'estomac, maux de tête, migraine, foiblesses, syncope, vapeurs hystériques, hypocondriaques, fleurs blanches, étouffemens, pertes, convulsions, miserere, mal de mère, chagrins, obstructions, jaunisse, coliques et palpitation, etc., colique de Poitou, colique des peintres, Onanisme, Nymphomanie.

Une cuillerée à café dans un grand verre d'eau, avec une bonne cuillerée à bouche de sucre, guérit les maux d'estomac accidentels, les indigestions, pesanteurs, aigreurs, étouffemens, gonflemens, maux de tête, migraine, syncope, foiblesses, vapeurs, coliques, mal de mère, miserere, colique de Poitou, colique des peintres. Et pour toutes les autres maladies ci-dessus, une bonne cuillerée à bouche dans une pinte d'eau, pour la boisson ordinaire, et des lavemens avec de l'eau de la boisson et du lait tiède ou froid.

Rhumatismes, gouttes, hydropisie, cachexie, fièvres de toute espèce, fluxion de poitrine, marasme, pleurésie, commencement d'étisie, de péripneumonie, de consomption, dépôt ou abcès interne, vomique, vomissemens, attaques de nerfs, de manie, et laits répandus.

Une cuillerée à bouche dans une pinte d'eau pour boisson ordinaire; mais dans les accès, révolutions, accidens, redoublemens, vomissemens, crises, etc., une cuillerée à café dans un verre d'eau avec du sucre, ou sans sucre, à volonté; des purgations de temps à autre, et des lavemens, moitié eau préparée pour la boisson ordinaire, et moitié lait tiède.

Rhumes ; toux, asthme.

Dans les rhumes, toux violentes, asthme, etc.
la boisson, à une cuillerée à bouche dans la pinte.
et non-seulement en boire, mais en aspirer plusieurs
fois par le nez, sur-tout pour les rhumes de cerveau.

Erysipèles, ébullitions, fluxion, enflure au visage.

Une cuillerée à bouche dans une pinte d'eau pour
boisson ordinaire ; se laver souvent la figure ou les
endroits attaqués d'érysipèle, avec l'eau de la boisson
qu'on peut renforcer de moitié pour accélérer la
cure ; on peut se l'appliquer aussi en compresses à
la même force, et prendre quelques lavemens à la
manière indiquée.

Application en compresses ; plaies récentes, blessures,
coupure des artères ou des veines, brûlures, contu-
sions, meurtrissures ; sang extravasé ; échimoses ou
bosses ; nerfs foulés, coups, points de côté, maux de
tête, toute douleur interne et externe poignante, en-
flure des jambes, etc.

Sur les plaies récentes, blessures, coupures,
écorchures, etc., pour arrêter l'hémorragie externe,
empêcher l'inflammation et la suppuration ; trois
parties d'eau commune et une partie du *Régénérateur*
universel, et si le malade peut supporter l'application toute pure du Régénérateur, il sera guéri en
très-peu de temps, même de la coupure des artères,
ou veines qui reprennent en peu d'heures. Il faut
bien laver la plaie et y appliquer des compresses
comme ci - dessus, et pour les brûlures, contu-

sions, etc. et toutes les maladies ci-dessus, cinq parties d'eau commune et une partie du régénérateur pour la lotion et les compresses ; lorsque les chairs sont reprises et que la cicatrisation ou guérison est prochaine, il ne faut plus employer que l'eau de la boisson, qu'on prendra à une cuillerée à bouche du régénérateur dans une pinte d'eau, et dont on boira le plus possible.

Pour l'enflure des jambes, des serviettes trempées dans dix parties d'eau commune et une partie du *Régénérateur*, les bien envelopper, prendre la boisson au plus fort degré, purgation et lavemens, avec l'eau de la boisson et du lait tiède.

Vieux ulcères, tumeurs, plaies anciennes, glandes de toute espèce, dartres, lèpres, galles, bubons, cloux, furoncles, croûtes, teignes et nodus, etc.

Pour les vieux ulcères, tumeurs, plaies anciennes, glandes de toute espèce, dartres, lèpre, galles, bubons, clous, croûtes, teignes, etc., la boisson au plus fort degré ; il faut mettre cinq parties d'eau commune et une partie du régénérateur, s'en laver souvent et appliquer des compresses trempées dans cette mixtion et renouvellées souvent ; il faut se panser trois fois par jour quand on peut. Lorsque les chairs sont régénérées et que la cicatrisation est prochaine, il faut diminuer la force de l'eau jusqu'à deux cuillerées du régénérateur dans la pinte, pour le pansement, et à la fin, de l'eau de la boisson, purger souvent, des lavemens et des bains à la fin.

Hémorroïdes internes, externes, fistule, abcès à l'anus.

La boisson ordinaire à une cuillerée du régénérateur dans la pinte , et pour lotion et compresse , trois cuillerées à bouche dans une pinte d'eau. Des lavemens et purgations comme ci-dessus.

Maladies des yeux.

Pour toutes les maladies des yeux, une partie de *Régénérateur* sur vingt parties d'eau , pour laver, appliquer en compresses et pour en introduire dans les yeux.

Injections , rétention , relâchement d'urine , diabètes dysurie , strangurie , hémorroïdes internes , fistules , virus simple et compliqué , skirres , ulcères à la matrice , fleurs blanches , pertes rouges et blanches , pierres , calculs , etc.

Pour les injections , dans les cas nécessaires , tels que ceux des maladies ci-dessus, et toute plaie profonde , une cuillerée à café dans un verre d'eau mêlée avec partie égale de lait , lorsqu'on peut en avoir , froid ou tiède , et sans lait , à volonté. Dans les pertes considérables , rouges ou blanches , skirres , etc. ; il faut mettre une cuillerée à bouche du régénérateur dans le verre d'eau pour les injections , outre les compresses trempées dans la même mixtion , qu'il faut appliquer sur le bas-ventre.

Maladies des enfans.

Pour les maladies des enfans , convulsions , dentition , vers , fièvre , dévoiement , coliques , tranchées , catarres , spasmes , etc. ; une demi-cuillerée à bouche dans une pinte d'eau , et leur en donner à boire à discrétion , dans la chaleur extrême ou mal de la tête , mettre une cuillerée à bouche du régénérateur

dans un verre d'eau , tremper des compresses et les
appliquer sur le front , dans l'enflure du ventre, y
appliquer des compresses trempées dans dix parties
d'eau et une partie de *régénérateur* , dans les chaleurs ou chûtes de l'anus, relâchement, commencement d'hernie ou descente, y appliquer des compresses trempées dans dix cuillerées d'eau et une du
régénérateur, comme ci-dessus, tiède ou froide ; on
peut leur donner des lavemens avec l'eau de leur
boisson.

Observation.

Pour laver, mettre en compresses, injecter, etc. ,
on peut faire tiédir l'eau préparée avec le *régénéra-*
teur ; mais il ne faut pas trop la faire chauffer, afin
qu'elle ne s'évapore point. On peut l'employer
froide pour tout usage, même en lavement, on
peut aussi la faire dégourdir pour la boisson : on
peut utilement, dans les maladies de peau rebelles ,
et même dans le traitement de toutes les maladies
qui l'exigeroient, prendre des bains avec de l'eau
préparée à la dose de la boisson au plus fort degré.

Préservatif.

L'usage du *régénérateur*, comme préservatif, doit
se borner à en prendre , comme boisson ordinaire ,
un bon verre ou deux le matin à jeun, un verre
en se couchant et un verre avec du sucre toutes les
fois qu'on soupçonne d'avoir quelque indisposition
à craindre , à la dose indiquée selon l'âge et les
forces, c'est-à-dire depuis une demi-cuillerée à bouche, jusqu'à la cuillerée entière.

Enfans.

La boisson du *régénérateur* universel, à la dose d'une cuillerée à bouche dans une pinte d'eau, coupée par moitié, avec du lait, prise à froid, avec du sucre ou sans sucre, est un excellent confortatif pour les malades dans leur convalescence, et sur-tout pour les enfans, qui peuvent en prendre à déjeûner et à souper, une bonne écuellée, froide, en y mêlant un morceau de sucre, et trempant du pain dedans.

Nourrices.

Les nourrices rafraîchiront leur lait, le rendront plus sain et plus abondant par l'usage du *régénérateur*, à la dose d'une demi-cuillerée à bouche dans une pinte d'eau, et en buvant leur pinte, ainsi préparée, dans la journée.

Préservatif pour les yeux, les dents, le visage, la blancheur et netteté de la peau.

On peut employer le régénérateur, en en mêlant deux ou trois cuillerées à café dans une pinte d'eau, pour se laver les yeux, le visage, se nétoyer les dents, etc., et l'on éprouvera qu'il est très-salutaire pour la vue, qu'il la conserve et la rend plus ferme, qu'il blanchit et conserve les dents, qu'il rafraîchit, raffermit et entretient parfaitement la peau.

Il peut s'employer pour la toilette et propreté de préférence à toute autre liqueur, son effet étant de nétoyer la peau, de faire disparoître les boutons, taches farineuses, etc., à la même dose.

Préservatif dans les hôpitaux, atteliers, prisons, etc.

Dans les hôpitaux, infirmeries, sur-tout ambulantes, en temps de guerre ou de marche, le *régénérateur* mis à la dose d'une cuillerée à bouche par pinte d'eau, ou d'une bouteille de demi-septier, sur trente pintes d'eau, sert de tisanne, et de remède aux malades : il évite la nécessité d'une apothicairerie volumineuse qui est toujours très-coûteuse : et comme il s'employe à froid, on peut le prendre par-tout et en tout temps ; il économise la dépense, et son effet est certain. Il empêche les maladies de se communiquer en s'opposant fortement à la putridité et à la corruption de l'air. Les convalescens, sur-tout, et les gardes-malades, se rétabliront et se garantiront des maladies : ceux-ci, en buvant deux verres à jeun de la boisson comme ci-dessus, pourront, sans crainte, soigner les maladies les plus communicatives. Il en est de même des prisons, atteliers, etc.

PRÉPARATION

DU RÉGÉNÉRATEUR UNIVERSEL,

Pour l'usage de la marine et tout ce qui en dépend.

Conservation de l'eau embarquée.

POUR conserver l'eau qu'on embarque pour l'usage des gens de mer et pour l'empêcher de se gâter, il faut, avant de l'embarquer, mettre une bouteille de demi-septier du régénérateur sur 40 pintes d'eau, dans les tonneaux.

Rétablissement de l'eau gâtée et remplie de vers.

Pour la rétablir, lorsqu'elle est corrompue et remplie de vers, il faut mettre la même quantité du régénérateur dans les tonneaux, les rouler pendant quelques minutes, les laisser reposer vingt-quatre heures, et en tirer après pour la boisson.

Avantages, économies.

Cette préparation paroît d'abord un accroissement de dépenses pour les navigateurs, mais elle est réellement économique.

1°. Par ce moyen, le navigateur peut s'assurer sa provision d'eau pour toute la durée de son voyage, sans crainte d'en manquer ou de la boire mauvaise; ainsi il économise tout ce qu'il lui en coûteroit pour relâcher dans différens ports; il évite les écueils, les naufrages, les corsaires, auxquels il s'expose en se détournant de sa route; il ne met point de retard dans sa traversée et il économise la dépense de son équipage, à cause de ce retard et de ses détours.

Utilité contre les maladies.

2°. L'eau rendue salubre par cette préparation, empêchera les maladies qui résultent de la mauvaise qualité des eaux et de l'air trop concentré dans les vaisseaux; tels que le scorbut, dissenterie, fièvres malignes, putrides et inflammatoires, épidémiques, et qui nécessitent l'embarquement d'une infinité de remèdes presque toujours impuissans. Cette eau préparée dont on fera également usage pour la cuisson des viandes, etc., s'opposera à l'âcreté et au feu que les viandes salées portent dans le sang et les humeurs, sans toucher à leur substance ni leur ôter leur goût.

3°. La mauvaise qualité des eaux croupies ou gâtées ôte les forces aux matelots, les rend languissans et les fait périr; l'eau régénérée contenant beaucoup de principes de la vie, rétablit les forces, les conserve, elle étanche la soif et économise l'eau.

4°. Toutes les blessures, écorchures, foulures, contusions dégénèrent presque toujours en ulcères malins dans les vaisseaux; le *régénérateur* employé soit en boisson, soit en lotion et application selon les cas, et d'après les moyens indiqués dans cette formule à leur article, non-seulement les guérira, mais il empêchera que ces blessures, coups, etc., deviennent des ulcères, en s'en servant tout de suite.

Ce seul remède est curatif de toutes les maladies accidentelles ou embarquées, et qui ne se développent que pendant le voyage. La méthode curative selon leur espèce est détaillée plus haut.

5°. Le régénérateur rend salubre et potable, toute espèce d'eau douce, de puits, de pluie, de rivière, de fontaine, source ou montagne, par la même préparation.

Colonies.

Ces motifs doivent suffire pour exciter tous les marins à faire l'usage du régénérateur, sur-tout dans les pays chauds, les colonies, où la soif est excessive, l'abattement des forces considérable et les fièvres si communes. Ils sont sûrs d'y remédier par la boisson copieuse du régénérateur, qui par ses vertus médicamenteuses expliquées dans la première partie de mon mémoire, modère la soif, l'ébullition du sang et des humeurs, empêche les sueurs colliquatives, l'appauvrissement du sang, en même temps qu'il rétablit et entretient les forces.

Je me réserve de développer dans un mémoire particulier toute l'utilité de cette découverte que je soumets à des expériences dans cette partie, et je ne crains pas d'annoncer qu'elles constateront que les navigateurs en retireront les plus précieux avantages.

Arsenaux.

Dans les arsenaux où les fièvres sont si communes et presque périodiques tous les ans, à cause des chaleurs qui dessèchent les marais, en été, et à cause des eaux croupies qui exhalent des miasmes putrides et mal sains, le régénérateur sera du plus grand secours.

Il faut mettre dans toute l'eau de la boisson des ouvriers, maîtres, etc., et toute personne employée. une bouteille de demi-septier du régénérateur sur 40 pintes, ou une bonne demi-cuillerée à bouche par pinte ; et chaque personne boira sa pinte, ainsi préparée, dans la journée. Cette précaution préservera de toute fièvre et maladies qui résultent des causes ci-dessus.

Pour ceux qui sont malades, il faut mettre une cuillerée à bouche du régénérateur dans une pinte d'eau et leur en faire boire le plus possible, même dans l'accès de la fièvre, et leur donner des lave-mens avec la même eau de la boisson qui les réta-blira en peu de temps, à l'aide des purgations appliquées à propos.

Lazarets.

Dans les Lazarets où on est assujetti à faire la quarantaine pour soupçon de peste, l'usage du régénérateur est un sûr moyen de tranquillité, et pour l'équipage qui est assujetti à la quarantaine, et pour toute personne employée aux Lazarets, parce qu'il détruit par essence toutes les maladies qui ont pour cause la corruption de l'air.

Il faut alors mettre une demi-cuillerée à bouche du régénérateur dans une pinte d'eau, et en boire à discrétion autant qu'on veut, sur-tout deux verres à jeun. On est sûr par là de s'opposer aux pernicieux effet des miasmes putrides qui pourroient faire craindre le développement de la peste. On peut aussi alors se laver les yeux, le visage, avec cette même eau préparée, et en aspirer par le nez.

On peut préparer la boisson pour tout l'équipage, en mettant une bouteille de régénérateur, contenant demi-septier, sur 40 pintes d'eau, et l'employer comme pour la marine.

Mal de mer ou vomissemens sur mer.

Il faut, autant qu'on peut, s'embarquer à jeun, ou au moins deux heures après avoir mangé, et ne point surcharger l'estomac avant d'entrer dans le vaisseau.

Il faut mettre une cuillerée à bouche du régéné-rateur

rateur dans une pinte d'eau commune et en boire deux verres avant de s'embarquer , à une demi-heure d'intervalle l'un de l'autre , si c'est le matin et à jeun , et un seul verre si c'est après dîner.

Il faut aussi en emporter dans le vaisseau une pinte toute préparée , comme il vient d'être dit , y mettre fondre un demi-quarteron de sucre et en boire un demi-verre toutes les fois qu'on se sentira la plus légère envie de vomir ; on peut manger deux ou trois heures après l'embarquement en buvant de l'eau préparée avec son vin , dans les repas, avec du sucre ou sans sucre ; on en boira également un verre deux heures après le repas, et un verre le soir : en sorte que les premiers jours , on boive au moins la pinte ainsi préparée dans chaque journée. On s'en servira après toutes les fois qu'on se sentira un mal-aise : et on évitera toute indisposition, en en buvant deux verres le matin , à jeun , et un verre deux ou trois heures après dîner , avec du sucre ou sans sucre et toujours froide.

La même dose peut être employée pour les enfans en leur en donnant moins, et les femmes peuvent en boire en tout temps , même étant grosses , etc.

PRÉPARATION

DU RÉGÉNÉRATEUR UNIVERSEL,

Pour le traitement de l'épian dans les Colonies.

L'Epian des Nègres dans les Colonies.

L'ÉPIAN est une maladie cutanée, inflammatoire, ulcéreuse, contagieuse et très-douloureuse ; elle se manifeste par des éruptions *exanthémateuses* par-tout le corps, et sur-tout aux jointures, sous la forme de boutons pointus plus ou moins gros, écailleux et durs. L'épian paroît occasionné par l'âcreté séreuse et corrosive des humeurs qui se fixent entre les vaisseaux excrétoires et les fibres tendineuses et nerveuses de la peau. Il paroît héréditaire chez les nègres, dont le sang est presque toujours vicié dans l'Afrique. L'épian rend une matière sanieuse et fétide, il échappe très-souvent à tous les remèdes, même au mercure et sublimé ; et lorsqu'on le croit guéri, il n'est que rentré et les malades maigrissent, tombent en langueur, enflent par les jambes et les pieds, la décomposition du sang se fait, et ils meurent dans l'étisie. Il diffère dans l'espèce selon les tempéramens.

Il faut mettre les malades qui en sont attaqués, à l'usage du régénérateur, à la dose d'une cuillerée à bouche, dans une pinte d'eau, et leur en faire prendre au moins deux pintes, ainsi préparées, par jour, sur-tout deux ou trois verres à jeun.

Après huit jours de boisson, il faut purger les malades trois fois, de quatre jours en quatre jours, soit avec les médecines que je distribue, soit avec toute autre médecine adaptée; ensuite, tous les huit jours, il faudra les purger également jusqu'à guérison.

Après les trois premières purgations, on mettra un cinquième de régénérateur dans de l'eau, et avec une éponge trempée dans cette mixtion, on frottera les malades matin et soir, part-tout. On trempera des compresses, pour envelopper la nuit, les parties les plus affectées. On continuera l'usage de la boisson.

Après quinze jours de frottemens, on fera prendre des bains chauds, on y tiendra les malades le plus long-temps possible, et au sortir du bain on épongera les malades comme ci-dessus.

Si après ce temps la maladie subsiste encore, on augmentera la force de l'eau pour se laver et mettre en compresse, c'est-à-dire qu'on mettra trois quarts d'eau et un quart du régénérateur; on donnera à manger des choses saines et faciles à digérer; on fera faire un exercice modéré, on évitera tout excès. On pourra leur faire continuer leur travail sans se trop fatiguer.

Quand le malade sera à la fin de son traitement, on pourra lui donner pour déjeûner et pour souper, un bon verre de son eau préparée pour la boisson avec le régénérateur, et un verre de lait froid, mêlés ensemble avec un morceau de sucre, et leur faire tremper du pain dedans jusqu'à ce qu'il ait recouvré toutes ses forces.

UTILITÉ DU RÉGÉNÉRATEUR

POUR LES NÈGRES,

Dans les habitations des Colonies.

Préservatif pour les Nègres.

ON perd beaucoup de nègres dans les colonies, parce que leur travail est rude et que souvent ils s'épuisent par l'abus des plaisirs et la débauche, avant d'aller au travail ; alors leur fatigue est excessive, il s'ensuit des sueurs forcées, des fièvres inflammatoires et souvent la mort.

On les conservera sans en perdre pour cette raison, en les mettant à l'usage du régénérateur. Il suffit pour cela de mettre une bouteille de demi-septier du régénérateur sur 40 pintes d'eau, et leur en donner à discrétion. Cette boisson empêchera les sueurs collicatives et tranquillisera l'extrême agitation du sang, empêchera l'ébullition de la bile ; et comme le régénérateur contient une quantité considérable d'esprits, principes de la vie, il restaure et rend les forces après les grandes fatigues et épuisemens, mieux que toute autre liqueur ou remède.

La dépense sera bien compensée par la conservation des nègres, et d'ailleurs les nègres qui en feront usage seront beaucoup plus forts et plus vigoureux que les autres, ils feront plus d'ouvrage ;

ainsi le possesseur de l'habitation y trouvera son compte de deux manières.

Cette boisson les préservera aussi de la plupart des maladies ordinaires auxquelles ils sont sujets, et rendra bien plus facile la cure de celles qui sont accidentelles.

Les négrillons, les négresses, même enceintes ou nourrices, peuvent s'en servir également.

Et pour guérir les maladies auxquelles tous les nègres en général sont le plus sujet, on peut consulter à leur article le traitement particulier indiqué plus haut.

TRAITEMENT

DU SCORBUT DE MER ET DE TERRE.

Scorbut de mer et de terre.

IL y a deux sortes de scorbut, celui qu'on prend en mer et celui qu'on prend hors de la mer. Tous les deux sont dangereux, et on les traite ordinairement avec le jus de cerfeuil, de cocléaria, de cresson, de becanobga, de raifort sauvage, etc., toutes plantes incendiaires, et presque toujours infructueuses.

L'usage du *régénérateur* réussira mieux que tout autre remède appliqué jusqu'ici; il faut en boire au moins deux pintes préparées par jour, à la dose d'une cuillerée à bouche dans la pinte d'eau, et sur-tout deux ou trois verres à jeun. En se couchant

on prendra douze à quinze gouttes du régénérateur, pur, dans deux cuillerées à bouche, d'eau
ou de vin.

On prendra souvent des lavemens avec moitié
eau de la boisson et moitié lait, ou infusion de
graine de lin tiède, ou l'eau de la boisson toute seule.

Quand les simptômes seront beaucoup diminués,
on se purgera trois fois en douze jours, avec mes
poudres, ou toute autre médecine convenable.

S'il y a des ulcères à la bouche, sur les gencives
ou au palais, il faut se gargariser souvent avec le
régénérateur, en en mettant une cuillerée à café
dans dix cuillerées à bouche, d'eau.

Il faut manger autant qu'on peut des potages
maigres et acidules, prendre une nourriture légère
et rafraîchissante, et mettre par - tout où il peut
entrer, du vinaigre, du citron, de l'huile, même sur
la viande quand on pourra en manger de la fraî-
che, plutôt froide que chaude. Les farineux au gras
avec un pied de veau dans le bouillon, sont très-
utiles à la fin du traitement, pour engluer le sang
et le consolider.

On peut boire à ses repas, du vin, en y mêlant
deux tiers d'eau préparée avec le *régénérateur* pour
sa boisson.

Si la dissenterie afflige le malade, et que les lavemens ne l'en guérissent point, on peut lui faire
prendre huit ou dix bains gras, soit avec un demi-
seau de bouillon de tripes, soit avec deux livres
de graisse dans un demi-seau d'eau chaude et jetée
dans la baignoire,

On peut donner quelquefois un peu de choco-
lat léger, sans vanille, mais il faut éviter les cor-
diaux trop spiritueux et trop chauds.

TRAITEMENT

DES MALADIEô VÉNÉRIEN,NES.

Maladies vénériennes.

Pour boisson journalière, une cuillerée à bouche du régénérateur dans une pinte d'eau ordinaire, pour boire au moins la pinte ainsi préparée, par jour, sur-tout deux verres à jeun. On peut en boire en tout temps et autant qu'on veut, au-delà de la pinte, toujours à la même dose; on en boira dans les repas avec son vin, un verre, deux ou trois heures après le repas, avec du sucre, ou sans sucre, comme un excellent digestif. Il se mêle avec le lait à partie égale, froid ou tiède et du sucre.

Pour une gonorrhée, après dix à douze jours de boisson, il faut se purger avec mes poudres, trois fois de quatre en quatre jours, après quoi il faut faire des injections avec moitié eau de la boisson et moitié lait tiède ou froid, deux petites seringues pleines chaque fois, tous les jours : et après huit jours, s'il subsiste encore un écoulement, il faut faire les injections sans lait, avec l'eau de la boissou seule : ensuite quand on le peut, il faut prendre quelques bains, tièdes ou froids selon la saison, et se purger encore une fois après les bains, en continuant la boisson jusqu'à parfaite guérison. On peut faire en tout temps les injections sans lait , si on n'est pas à portée de s'en procurer.

Pour la vérole , c'est le même traitement.

S'il y a des poulains , et qu'ils soient naissans , il faut mettre quatre cuillerées à bouche du *régénérateur* dans une pinte d'eau pour les laver souvent et y appliquer des compresses imbibées de cette mixtion : alors ils ne percent point , et les médecines qu'il faut répéter au moins cinq à six fois, toujours comme ci-dessus , emportent toute l'humeur et la lymphe viciées. Si les poulains sont avancés ; il faut mettre deux cuillerées à bouche du *régénérateur* dans une pinte d'eau , les laver et y appliquer des compresses renouvellées souvent ; alors ils percent tout seuls , on les lave et injecte avec la même mixtion ; lorsqu'ils sont percés , il faut les panser au moins trois fois par jour , à froid ou tiède.

S'il y a des chancres, des ulcères, etc. il faut mettre un sixième du *régénérateur* dans de l'eau , ou même un quart , les laver et y appliquer de la charpie ou compresses imbibées. Quand ils sont presque guéris , on réduit la force de l'eau à une cuillerée à café du régénérateur dans un verre d'eau , pour les lotions et les compresses.

Pour les poireaux , les crêtes, bubons, cious, galles , etc. , on les traite de même. Les aphtes à la bouche et poireaux rebelles , se touchent souvent avec le *régénérateur* tout pur , les poireaux peuvent se nouer ou se couper et les toucher après , avec le *Régénérateur* ; s'il y a écoulement, on fait les injections comme ci-dessus ; s'il y a des duretés ou grosseurs dans les bourses , on les lave et enveloppe de compresses trempées dans dix parties d'eau et une partie de *régénérateur*.

S'il y a phimosis ou paraphimosis, on met deux cuillerées du régénérateur dans une pinte d'eau ; on en prend une partie et autant de lait qu'on fait tiédir ; on trempe souvent la partie dedans, et après on l'enveloppe d'un linge trempé dans ce mélange.

S'il y a des chancres sous le prépuce, on les injecte avec l'eau préparée comme ci-dessus pour les chancres.

Les femmes suivront le même traitement, excepté qu'elles ne se purgeront point pendant leurs règles. Pour le surplus, elles se serviront de pessaires, de petites éponges, de petites seringues à olives, pour porter l'eau préparée avec le régénérateur, à la dose indiquée, sur les parties affectées, lorsque les compresses ne pourront y être appliquées.

Il faut s'abstenir pendant le traitement, autant qu'on peut, de l'usage des viandes salées et trop épicées, cochonailles, etc., crudités, vins purs et spiritueux, liqueurs, et de toute espèce de débauche.

Il faut, si on le peut, prendre des bains indiqués à la fin du traitement.

Il faut aussi prendre souvent des lavemens avec de l'eau de la boisson préparée et un tiers de lait, ou sans lait, froids ou tièdes.

Vers la fin du traitement, on peut prendre, le matin et le soir, un verre de l'eau de la boisson et un verre de lait mêlés ensemble, froid, avec du sucre et du pain pour ramener plus vite les forces des malades.

TRAITEMENT

DE LA PETITE VÉROLE, ROUGEOLE, etc.

Petite vérole, Rougeole, etc.

LES signes ordinaires de la petite vérole, sont une fièvre continue et ardente, des nausées, des douleurs de tête aiguës, l'abattement des forces, des tressaillemens, des picotemens, de légers frissons, des démangeaisons au nez, maux de gorge, délire, respiration gênée, des vomissemens, des convulsions, des saignemens de nez, des diarrhées, etc.

Lorsque plusieurs de ces simptômes réunis, annoncent la petite vérole, il faut se mettre sur-le-champ à l'usage du *régénérateur*, à la dose de deux cuillerées à café dans une pinte d'eau, pour les enfans jusqu'à dix ans, et à la dose d'une cuillerée à bouche dans la pinte pour toute personne au-dessus de dix ans. Il faut en boire au moins deux pintes par jour dans les trois premiers jours de la maladie, avant l'eruption marquée de la petite vérole.

Le second et le troisième jour, il faut se purger avec deux médecines proportionnées, soit des miennes, soit toute autre ordonnée par le médecin, et boire de l'eau préparée avec le régénérateur, en place de bouillon, comme il est expliqué à l'article purgative. On peut, selon la plénitude d'humeurs , prendre l'émétique en lavage le second jour de la maladie , et une médecine le troisième jour.

Dès que les boutons paroissent , il ne faut plus boire qu'une pinte d'eau préparée avec le régénérateur pour la boisson , par jour , et prendre autant de bouillon de lentilles , alternativement , pendant les neuf premiers jours après l'éruption. On peut manger un peu , de bonnes choses et légères , et boire un peu de bon vin , si on peut en avoir , et dans lequel on mettra le tiers d'eau de la boisson préparée.

Après les neuf premiers jours , on supprimera le bouillon de lentilles , on boira de l'eau régénérée à discrétion autant qu'on voudra , et on se lavera perpétuellement le visage avec une éponge trempée dans l'eau régénérée , froide ou tiède , même après que les croûtes seront tombées ; par ce moyen on calmera les démangeaisons et on ne sera pas marqué. On lavera bien les yeux avec une petite éponge particulière , on les nétoyera , on peut même y introduire de cette eau pour les conserver et rétablir. On fera de même pour toutes les autres parties affectées.

Après que toutes les croûtes seront tombées , on se purgera encore deux ou trois fois comme ci-dessus.

Pendant tout le temps de la maladie , et sur-tout les premiers jours , on prendra des lavemens , avec moitié eau de la boisson et moitié lait , tiède ou froid , ou avec l'eau sans lait.

Si la gorge est très-affectée et serrée , on ajoutera douze à quinze gouttes du *régénérateur* , pur , dans un demi-verre d'eau de la boisson , et on s'en servira pour se gargariser souvent.

Si le nez est bouché , on tâchera , avec une petite

éponge trempée dans l'eau de la boisson, d'en faire aspirer au malade, de temps en temps.

La rougeole ou petite vérole volante se traite de même, selon son espèce, en retranchant ce qui est inutile, ainsi que les fièvres rouges, scarlatines, pourprées, etc.

Animaux.

Le regénérateur ne mériteroit point le titre que je lui donne, s'il n'étoit également utile aux animaux.

Il n'est point de maladies de bestiaux qui ne cède à l'usage du *régénérateur*, lorsqu'on l'emploie à temps ; et il n'est point de bestiaux auxquels on ne puisse administrer ce remède.

Epizooties, épidémies.

Dans les épizooties, maladies épidémiques, etc., il faut mettre trois cuillerées à bouche du *régénérateur* dans une pinte d'eau, en donner trois fois par jour une pinte ainsi préparée aux animaux attaqués : leur laver les yeux, les narines, leur en faire aspirer par les nazeaux ou leur en injecter, leur faire manger de la farine et du son trempés dans l'eau tiède, où l'on aura mis une cuillerée à café du régénérateur par pinte. Cette dose est pour les trois premiers jours de la maladie.

Après les trois premiers jours, il ne faut plus mettre qu'une cuillerée à bouche par pinte d'eau pour la boisson ordinaire, répétée au moins trois fois par jour, à discrétion, jusqu'au parfait rétablissement, en leur donnant toujours le manger comme ci-dessus.

Préfervatif.

Pour préserver de la maladie les animaux sains, il suffit de leur mettre une demi-cuillerée à bouche du régénérateur par pinte d'eau dans toute leur boisson. Et de les laver comme ci-dessus.

Chevaux.

Pour les coliques des chevaux, rétention d'urines et autres maladies internes des chevaux, il faut mettre deux cuillerées à bouche du *régénérateur* dans une pinte d'eau, et leur en faire boire autant d'heure en heure. Il faut aussi leur donner des lavemens avec l'eau préparée comme pour la boisson.

Ces lavemens peuvent aussi se donner dans les épizooties, épidémies, etc.

Pour les plaies, ulcères, commencemens de morve, gourmes, tumeurs, glandes, contusions, fortes écorchures, blessures, etc., il faut mettre un sixième du *régénérateur* dans de l'eau, et s'en servir pour laver, nétoyer, injecter, mettre en compresses sur le mal, réitérer trois fois par jour, ou plus souvent selon les cas.

Pour les foulures, légères blessures, coups de pied, etc., cinq cuillerées à bouche du régénérateur dans une pinte d'eau, et s'en servir comme ci-dessus.

Moutons, cochons, chèvres, &c.

Pour les moutons, cochons, chèvres, et autres petits quadrupèdes, il faut diminuer toutes les doses d'un tiers.

PRIX

DU RÉGÉNÉRATEUR ET DES MÉDECINES.

Le prix de la phiole, propre à faire environ trente pintes d'eau préparée pour la boisson ordinaire, est de 5 liv., prise à Paris, au dépôt général, rue des Vieux-Augustins, n°. 57.

Il se distribue également au même dépôt général, des médecines pour tous les âges, composées de végétaux, pris des matières même de la composition du *régénérateur*, et qui sont celles que l'auteur emploie pour les maladies qu'il traite.

Celles des enfans jusqu'à dix ans, se vendent 10 sols ; celles des enfans depuis dix ans jusqu'à quinze, se vendent 15 sols ; et celles des personnes plus âgées, 20 sols.

On trouvera M. Tranche la Hausse chez lui, tous les jours, jusqu'à deux heures après midi, rue des Vieux-Augustins, N°. 57.

J. F. TRANCHE LA HAUSSE.

SUPPLEMENT *de noms de personnes qui ont fait usage du* Régénérateur universel.

M. Arnoud, Député à l'Assemblée Nationale, rue S. Honoré, près les Jacobins, N. 317.

M. Biard, Perruquier, aux Ecuries du Roi, rue S. Honoré.

Mlle. Biard, sa sœur.

Madame Bouvet, femme du Jardinier-Ratisseur du Parc, à Sceaux.

Madame Brivaux, près le Parc, à Sceaux.

Madame de Cagny, rue Satory, Pavillon Calmèse.

Madame Caution, à la Manufacture des Glaces, faubourg S. Antoine.

M. Caution, son fils.

Madame Chabert, rue de Richelieu, à la Cloche d'or, N. 130.

Mlle. Chabert la jeune, sa fille.

M. Ducrest, rue d'Amboise, maison BB.

M. Flanel de Richebourg, Américain de S. Marc, hôtel de Lancastre, rue de Richelieu.

M. le Baron de Grainteville, rue du Petit-Bourbon, près S. Sulpice, hôtel de *Monsieur*.

Madame la Baronne de Grainteville, son épouse.

M. Lambert, Secrétaire de M. Daudet de Jossan, Cour de la Guerre, à l'Arsenal.

La Femme de Chambre de Mad^e. Daudet de Jossan.

M. Louis, Maître d'hôtel de M. Boutin, rue de Clichy.

De l'Imprimerie de C. F. PERLET, imprimeur du Tribunal de Cassation, etc. rue S. André-des-Arts, hôtel de Châteauvieux.

Et se vend

Chez DESENNE, Libraire au Palais-Royal, N. 1 et 2.

Et au DÉPÔT GÉNÉRAL du *Régénérateur universel*, rue des Vieux Augustins, N.

9 782329 161723